QUAND REVIENNENT
LES ÂMES ERRANTES

FRANÇOIS CHENG
de l'Académie française

QUAND REVIENNENT LES ÂMES ERRANTES

Drame à trois voix avec chœur

ALBIN MICHEL

IL A ÉTÉ TIRÉ DE CET OUVRAGE

*Trente-cinq exemplaires
sur vergé blanc chiffon, filigrané, de Hollande
dont ving-cinq exemplaires numérotés de 1 à 25
et dix exemplaires, hors commerce, numérotés de I à X*

© Éditions Albin Michel, 2012

Les événements évoqués ici ont eu réellement lieu dans la seconde moitié du troisième siècle avant notre ère.

Quant à ce qui s'est passé du côté des âmes, cela relève d'un autre ordre, d'une autre histoire...

Acte I

Chœur

En ce bas monde, en ce très bas monde, tout est vicissitude, tout est transformation. Le *Livre des Mutations* l'a démontré, les Anciens nous l'ont dit : «Tous les cinquante ans, petit changement ; tous les cinq cents ans, grand chambardement.»
L'ordre antique a fini par s'effondrer, la longue dynastie des Zhou a rendu l'âme. Voici que la vaste terre de Chine se divise en de multiples royaumes rivaux. À juste titre sont-ils appelés «Royaumes combattants». En effet, les codes d'honneur n'ayant plus cours, tous les coups sont permis ! Partout règnent la violence, le désordre, l'arbitraire, l'injustice. Le désir du gain ne connaît point de frein ; les forts goulûment dévorent les faibles. Là où s'allument les

feux de la guerre, pillages et massacres deviennent monnaie courante.

Malheur au petit peuple, malheur au pauvre ! Écrasé d'impôts, de corvées, dépouillé jusqu'aux os, il peine à survivre. Que survienne une sécheresse, une inondation, le voilà la bouche sèche, le ventre creux, en exode dans la campagne dévastée. On le voit en haillons, hagard, vendant ses enfants en échange de quelque pitance, avant de tomber, raide mort, au bord de la route.

En dépit du malheur, la vie continue. Des moments de répit, tout de même, sont accordés aux humains. Par-ci, par-là sont préservés les trésors du cœur : indéfectible amitié, irréductible amour. En témoignent ces trois personnages auxquels nous nous sommes attachés. Trois personnages différents faits pour se rencontrer. Trois personnages pris dans un drame qui les unit à jamais. Notre attention se porte d'abord sur la figure féminine. Elle s'appelle Chun-niang, « Dame Printemps ».

Venue au monde le jour du printemps, c'est tout naturellement, sans chercher plus loin, que ses parents l'ont appelée Chun-mei, « Petitesœur Printemps ». Elle garda ce nom jusqu'à l'âge de vingt-deux ans, l'année où elle fut choisie pour entrer au Palais royal. Durant toutes les années passées au Palais, elle porta le nom honorifique de Chun-fei, « Favorite Printemps ». Revenue à la vie civile après l'effondrement du royaume, elle devint, en raison de son âge, Chun-niang, « Dame Printemps ». C'est ainsi que tous l'appellent, jusqu'à cet âge avancé qu'est le sien. Qui entend ce que nous venons de dire supposerait une vie simple, paisible, voire privilégiée. Or, ce fut tout à l'opposé. On aurait peine à imaginer une vie aussi mouvementée, aussi bouleversée. Que d'épreuves cruelles dès l'âge de six ans, que de drames atroces dont elle fut le témoin, que de déchirures qui la plongèrent plusieurs fois dans le néant. Comment nier cependant qu'elle connut aussi des heures d'indicible félicité, celles que seule une haute passion pouvait apporter ?

Deux hommes sont entrés dans sa vie, figures hors du commun, que les événements ont transformés en personnages de légende. Leurs actes héroïques et leur sacrifice ont profondément remué le cœur des hommes. Ils hanteront, pour sûr, l'imaginaire des générations à venir ; cela n'aura point de fin. À preuve : plus de trente ans après les faits vécus, nombreux sont ceux qui arrivent de partout dans ce village reculé, demandant à Dame Printemps inlassablement de leur conter comment les choses se sont passées. Ils écoutent son récit qu'ils ponctuent de soupirs ou d'exclamations. Est-elle parvenue à tout dire ? Certainement pas ! S'il ne lui a pas été difficile de situer ses relations apparentes avec les deux héros, comment leur faire sentir la brûlante réalité d'une passion hors norme ? Elle, femme, il ne lui est pas permis de seulement y faire allusion. Et surtout, comment leur révéler un secret plus extraordinaire encore : ses hommes lui sont revenus. Après trente ans d'errance – qui paraissent une éternité ici-bas, mais ne sont rien dans l'Au-delà –, leurs âmes l'ont retrouvée et l'ont rejointe. Toutes les nuits de pleine lune, elles sont là, avec elle. Au commencement, des flots de paroles qui s'entrechoquent ; quelque temps après, un échange plus ordonné, mais toujours impétueux, toujours ardent.

D'où lui vient cette insigne faveur ? Est-ce une volonté du Ciel qui aurait pris pitié de ces destins fulgurants, trop tôt fauchés par les glaives ? À moins que ce ne soit à cause de sa fidélité à elle, cette flamme de bougie qu'est son cœur, jamais éteinte dans le vent nocturne, suffisamment éclairante pour que les voyageurs égarés repèrent leur chemin de retour ? Insondable mystère ! Qui donc nous expliquera un jour cette vie humaine sur terre ? Pourquoi tant de ferveur, de douceurs au travers de tant de fureurs, de douleurs ? Tout ce dont les humains sont capables, n'est-ce pas justement de dire ce qui a été rêvé et vécu ? Le dire vraiment, non par bribes, par fragments, mais dans la totalité de ce qui est arrivé, selon son déroulement dans le temps ?

Cette nuit est à nouveau de pleine lune. Elle est trop belle pour qu'aucun vivant ne songe au sommeil. Les dieux de l'Au-delà eux-mêmes en sont émus. Ils invitent nos trois personnages à s'abandonner à la parole, à parler au présent lorsqu'ils relateront toutes les scènes mémorables de passion et d'action, comme s'ils étaient en train de les vivre. Quant à nous, les témoins, ils nous encouragent à les accompagner pour les aider à rappeler tout l'arrière-plan de la grande histoire. Laissons-leur à présent la parole. Que chacun des trois dise d'où il vient, comment il a été amené à connaître les deux autres.

Chun-niang

Je suis Chun-niang. Mes parents étaient des paysans pauvres qui cultivaient un lopin de terre. Ce qu'ils récoltaient suffisait à peine à nourrir la petite famille. Le souvenir de mes premières années, néanmoins, est celui d'un enchantement. Le monde se présentait à moi comme une immense étendue de vert, sur fond de senteurs de limon et de mousse. Dans notre logis sombre, chaque matin, j'étais arrachée de mon sommeil par les chants perçants des coqs, et le soir, je sombrais dans le sommeil, bercée par ceux des grillons. Dans la journée, lorsque ma mère ne me portait pas sur son dos pour aller aux champs, on me laissait en liberté toute seule. Mon frère ne viendrait au monde que deux ans après. J'avais alors pour compagnons de jeu les bêtes autour de moi, des poules, des chiens, des tortues, des crabes, ainsi que les minuscules bestioles, coccinelles, chenilles, vers de terre. Au bord de l'étang, je ne me lassais pas de l'incessant spectacle des libellules tanguant sur les feuilles de lotus, des martins-pêcheurs plongeant dans l'eau pour en ressortir aussitôt, un poisson dans le bec. Je me rappelle aussi qu'un jour, un voisin nous donna un lapin dodu aux oreilles dressées et aux yeux rouges. Son pelage frémissant de blancheur attira mes caresses et éveilla en moi la tendre affection dont ma jeune âme était capable. Il s'ensuivit entre nous une complicité que rien n'aurait pu entamer.

Pourtant, ce fut lui, ce lapin blanc, qui causa mon premier chagrin. Non pas lui, le pauvre innocent, mais le renard qui l'emporta, en ne laissant, hors de l'abri en bois, qu'une longue traînée de sang. Je pleurai amèrement sa disparition. À mon chagrin vint s'ajouter le sentiment de remords de ne l'avoir pas assez protégé. J'avais alors un peu plus de quatre ans, déjà je prenais conscience que ce monde apparemment harmonieux, réglé par la ronde des saisons, était en réalité rongé par la violence et la cruauté. L'innocence avait été bafouée et la douceur saccagée. Seule dominait la force brute qui engendrait désordre et injustice.

À peine deux ans plus tard arriva le malheur. Le vert de la nature vira au jaune terreux. Privé de pluie, accablé de chaleur, le sol se mit à craqueler. La sécheresse s'installa, inexorablement, suivie d'une terrible famine. Partout plantes et bétail périssaient. Torturés par la soif et la faim, nous étions réduits à traquer le moindre fruit sauvage, la moindre flaque d'eau, le moindre brin d'herbe, le moindre insecte. Une nuit, la poitrine creuse et le ventre gonflé, mon frère expira dans les bras de ma mère. Le lendemain, enveloppé d'un drap, son pauvre corps fut enterré. L'inexorable exode commença. Nous fuyions sur la grand-route jonchée de cadavres. Mes parents, exténués, devaient me porter tour à tour car, totalement épuisée, je ne pouvais plus avancer d'un pas. Afin que j'aie une chance d'avoir la vie sauve, ils furent acculés à me laisser chez un couple d'aubergistes, en échange d'une petite somme d'argent. C'est ainsi que je fus vendue à des étrangers en un rien de temps. Lorsque – comment oublier la scène ? –, fermement maintenue par les gros bras de la matrone inconnue, je vis mes parents s'en aller, je poussai des cris de bête démembrée. Eux, sanglotant, continuèrent à s'éloigner, sans oser se retourner. Je lançai une dernière fois mes mains en avant pour rattraper quelque chose. Le corps secoué de tremblements, je m'évanouis.

Revenue à moi, je me découvris dans un autre univers, une auberge qui hébergeait des voyageurs de passage. Hennissement des chevaux, odeur de crottin, bruit des attelages, voix rauques des hommes. Durant des jours, je me murai dans le silence. Je me trouvais donc aux mains d'étrangers qui ne connaissaient rien de moi et ne cherchaient pas à me connaître. Ils se bornaient à me donner des ordres. Je n'osais me confier à mes parents qu'une fois seule dans la nuit, dormant sur une planche de bois. Je leur parlais de mes douleurs, de ma peur, nourrissant le fol espoir qu'ils reviendraient me racheter. Comme cela ne se produisait pas, je me laissais persuader que, probablement, ils étaient, comme tant d'autres, morts au bord de la route.

Quant aux aubergistes qui m'avaient achetée et adoptée, je me devais de les appeler parents. Mais au lieu de « papa », « maman », je les nommais « père », « mère ». Je m'habituai peu à peu à ces gens qui, au demeurant, n'étaient pas trop méchants. De forte corpulence tous deux, ils avaient un style rude, exerçant un métier rude. Levés dès avant l'aube, ils trimaient souvent jusque tard dans la nuit, à l'heure où arrivaient les transporteurs attardés, à grand fracas de chevaux et de charrettes. N'ayant pas d'enfants, ils étaient secondés par un ou deux commis, selon les besoins.

Au bout d'un certain temps, nous dûmes nous aussi quitter la zone sinistrée. Après maints périples, nous nous installâmes dans une auberge-taverne de la capitale de notre royaume Yan, près de la porte Sud. Le travail ne manquait pas. Moi, fillette de huit, neuf ans, j'étais sans ménagement mise à contribution : allumer le feu, puiser l'eau, laver la vaisselle, nettoyer les chambres, et bientôt, du côté de la taverne, arranger tables et chaises, disposer les ustensiles.

Lorsque j'atteignis l'âge de quatorze ans, mon soi-disant père en vint à abuser de moi, à de multiples reprises. Souillure, dégoût, révulsion, révolte, tentative de fuite. La matrone, une fois au courant, mit un holà à l'horrible chose. De fait, c'était elle la vraie patronne de l'auberge. À ma surprise, elle faisait montre de bienveillance à mon égard. Je ne tardai pas à m'apercevoir qu'elle voyait en moi un «atout» pour la taverne. À l'approche de mes seize ans, je devins une jeune fille presque faite, jouissant, disons, d'un corps gracieux et d'un visage agréable. D'aucuns me qualifiaient de «beauté». La réalité était là, je ne saurais le nier : à mesure que je servais plus régulièrement dans la grande salle, le nombre de clients augmentait, tant les voyageurs de passage que les habitués de la ville. Évoluant au milieu de ce monde, je n'étais pas inconsciente au point d'ignorer le danger. La clientèle si mélangée, bruyante, odorante, comportait son lot de brutes, de voyous, de mauvais plaisantins qui lançaient des propos obscènes ; certains osant même des gestes, me prenant pour une «fille de taverne». Il me revenait d'imposer la juste distance, sans forcément hausser le ton, mais avec une dignité sans complaisance. Heureusement, la plupart des autres étaient corrects : fonctionnaires avec leur famille en déplacement, paysans riches en visite, marchands ambulants, petits employés, petits artisans, médecins ou guérisseurs, lettrés ou artistes. L'un d'entre eux, par sympathie pour moi, devint mon protecteur : Han le Gros, le boucher, qui trônait dans un coin l'après-midi, tout à la fois débonnaire et autoritaire. Il lui suffisait de grogner de sa voix lourde en roulant les yeux pour arrêter tout geste inconvenant, tout commencement de dispute ou de bagarre.

Comment ne pas signaler aussi Gao Jian-li, le musicien qui débarqua un jour chez nous ? Mal rasé, mal vêtu, avec son air sombre, farouche, il fait l'effet d'un sanglier surgi du fond de la forêt. On est saisi d'appréhension. Trompeuse impression ! Quand plus tard, dans un coin de la salle bondée, il sortira de sa boîte le *zhou*, le posera sur ses genoux et commencera à jouer, il nous apparaîtra comme un chaman en train d'accomplir quelque rite sacré. Tous dans la salle, d'un coup, se tiennent coi, et chacun de se demander : « Qui est-il ? D'où vient-il ? » Moi aussi, mon cœur palpite, comme envoûté. Par sa musique, tantôt dramatique, percutante, tantôt apaisée, subitement lointaine, il nous introduit dans un monde d'émotion et d'émerveillement que je n'avais jamais imaginé possible. Sa figure, plus que les nôtres concentrée, plus que les nôtres extasiée, personnifiait la grandeur même, l'élévation même. Qui est-il en effet ? Vient-il d'un autre monde pour nous délivrer un message ? Combien proche cependant ce message ! Ce que sa musique dit, au fond, est tout ce que la terre, par-delà misères et calamités, recèle de trésors cachés. Terre native, terre natale ! L'écoutant jouer de tout son corps et de toute son âme, je crois retrouver ma prime enfance et son univers environnant, le visage de mes parents et de mon frère, tout ce que nous avons ressenti alors de beau et d'émouvant, tout ce que, enfants et adultes, nous avons porté silencieusement en nous, sans que nous ayons jamais eu le moyen de l'exprimer.

Gao Jian-li

Je suis Gao Jian-li. Dès mon jeune âge, je secondais, à côté de mes frères, mes parents dans leurs travaux des champs. Voyant que mon caractère sauvage ne me prédisposait pas à cette tâche, ils finirent par me confier les soins du bétail. J'emmenais paître bœufs et moutons loin du village et, à leur étonnement, le résultat s'avéra plus que probant. Je ramenais mes bêtes de jour en jour plus grosses et plus grasses. D'autres paysans me confièrent les leurs, et je devins le berger du village.

Pendant que les animaux se nourrissaient à leur guise, tout en exerçant la surveillance nécessaire, je me livrais à la découverte de la nature qui devint mon antre, mon refuge. Mon instinct de cueilleur et de chasseur me poussait à fouiller les épais fourrés et les recoins cachés. J'affinais mon toucher au contact de peaux, de pelages de toutes sortes. Je m'enivrais des senteurs et des couleurs que les saisons renouvelaient sans cesse. Je goûtais, insatiable, à tous les fruits sans nom, au risque de m'empoisonner... Peu à peu, je franchissais les étapes, j'entrais dans une connaissance plus profonde. Lorsque tourterelles et coucous annonçaient l'arrivée du printemps, je sentais le formidable ébranlement des dragons souterrains. Je captais leur grondement, et la circulation de mon sang battait à l'unisson de toutes les sources qui bouillonnaient dans leurs veines. Je me découvrais alors en connivence avec les esprits des eaux et des forêts. S'éveillait en moi le craquement douloureux des vieilles racines, auquel se joignaient les cris juvéniles des violettes et des crocus. Mon corps devint une véritable citerne qui résonnait au vaste chant de la terre. Vaste et subtil. Il y avait, bien entendu, le fracas des tonnerres avant l'orage, celui des rochers s'éboulant brusquement ou des oies sauvages prenant avec superbe leur envol. Combien les plus infimes bruissements alertaient aussi mon oreille : l'impalpable brise faisant frémir les aiguilles de pin, le furtif passage d'une biche sur la mousse. Mon audition aiguë me rendait apte à distinguer bien des cris d'oiseaux. Si certains d'entre eux étaient joyeux, jubilatoires, d'autres, nocturnes, me paraissaient poignants, déchirants, emplis d'une terreur sacrée. À travers eux, j'éprouvais une sympathie sans bornes pour les plus faibles parmi les vivants. À partir de là, d'ailleurs, je m'efforçai de chasser avec moins de cruauté qu'auparavant.

Un soir, ramenant mon troupeau, je vis, au centre du village, à l'ombre du sophora, assis un vieillard aux cheveux rares, à l'aspect imposant. Un jeune garçon s'affairait autour de lui : après avoir déposé un gros baluchon par terre et mis le long bâton contre l'arbre, il ouvrit, avec précaution, une boîte en bois vermoulu. Il en sortit une espèce d'instrument de musique, le posa verticalement sur les genoux du vieillard. Je m'aperçus que celui-ci était aveugle.

Je n'avais jamais vu un tel instrument à treize cordes. Le musicien le tint fermement contre sa poitrine. Il frappa, pinça, frotta, tritura les cordes avec une agilité vertigineuse. Et les sons qu'il produisit étaient d'une étonnante variété : percutants, bourdonnants, susurrants, gémissants. Je devais apprendre par la suite qu'il s'agissait du *zhou*. Pour l'heure, les villageois rassemblés là eurent droit à une séance d'incantations mémorable. Le jeu de cordes était ponctué de la voix, de psalmodies ou de ahanements, « haï, haï », le tout soutenu par un rythme envoûtant. La musique qui se fit entendre, tour à tour intense et apaisée, troua véritablement l'espace, nous transporta corps et âme dans un ailleurs insoupçonné. Quand revint le silence, nous restâmes un moment figés avant de saluer le vieil artiste avec de sonores « hao, hao ». Quant à moi, je fus conquis, une fois pour toutes, par le pouvoir magique de cet instrument en apparence si simple. Je sentais d'emblée que par son langage je serais à même de dire tout ce qui en moi remuait.

Alors que le jeune garçon ramassait les affaires et se mettait en devoir de hisser la boîte sur l'épaule du vénérable vieillard, j'avançai au-devant de ce dernier et lui dis : « Maître, laissez-moi porter votre boîte. Je vous suis. »

On imagine aisément la stupeur des villageois et leur désespoir de perdre leur berger. Rien ne pouvait plus me retenir, pas même l'injonction de mon père, ni les pleurs de ma mère. Quand le destin lance son oracle, les humains n'ont plus qu'à obéir. Je partis.

Je suivis mon maître jusqu'à sa mort, douze ans après. Vie d'errance et d'endurance. Vie de partage aussi, enivrante, inoubliable, avec des compagnons et des auditeurs. Ce que j'appris auprès du maître était plus qu'une technique. C'était une compréhension de la vie, l'éveil d'une âme au-dessus de toutes laideurs, toutes bassesses. La musique, chez lui, loin d'être un divertissement, élevait l'homme en lui révélant la beauté cachée de la nature ; elle prenait en charge également ses souffrances, ses frayeurs, ses nostalgies, transmuées par elle en une aspiration sans fin.

Je devins joueur de *zhou*. J'allais de village en village, de bourg en bourg. Longue route semée de moments d'exaltation et d'heures de solitude. Inévitablement, un jour, je parvins à la capitale. Mû par la soif, j'entrai par hasard dans cette taverne. Une foudre me cloua sur place. Moi, homme sans feu ni lieu, j'eus la sensation immédiate d'être arrivé au port. C'était le milieu de l'après-midi. Aucun client n'était en vue. Au creux de la pénombre silencieuse, une jeune femme me fixa de son regard étonné, me sourit avec une grâce émouvante à vous arracher des larmes de gratitude. Fasciné, je scrutai son lumineux visage à l'ovale parfait, esquissé, eût-on dit, d'un trait de génie par un artiste qui n'aurait pas pu le réussir une seconde fois. Tout en elle était unique. Ainsi donc, en ce monde tombé si bas, une telle beauté existe, et la chance m'est accordée de la croiser sur mon chemin, en cette vie !

Point de rêve insensé ! Moi, homme apparemment fruste, trapu, hirsute, la joue droite balafrée par un coup de corne, je n'ai pas l'heur d'attirer les femmes. Tout juste si je ne les rebute pas. Pourtant, je voue un culte à la vraie beauté féminine, lorsque l'harmonie du corps s'allie à celle de l'âme. À mes yeux, c'est là non une combinaison terrestre, mais un don du Ciel. Par ce don, s'il est véritable, la femme offre à l'homme une des voies sûres pour atteindre la plus haute dimension de lui-même.

Dans la réalité, mon expérience est d'une lamentable médiocrité. Que de relations de bas étage, avec des femmes de petite vertu et des prostituées ! Je dois avouer que, du temps où j'étais berger, gonflé d'ardeur, submergé par le désir, il m'arrivait de forniquer avec des bêtes. Privations, dégoûts, ma vie n'avait été, sur ce plan-là, qu'une quête vaine jusqu'à ce que j'arrive dans cette auberge.

Chun-niang ? C'est tout à fait autre chose. Il y a chez moi l'élan, le désir, mais il s'agit de se taire et d'admirer, il s'agit d'adorer en silence. Je m'installai dans l'auberge. Le patron et la patronne appréciaient mes séances musicales. Je me liai d'amitié avec quelques habitués, notamment avec Han le Gros, le boucher. Tout cela avant l'apparition de Jing Ko, cet être d'éclat. Son arrivée transforma mon destin ; elle transforma tout en destin.

Jing Ko

Je suis Jing Ko. Orphelin de mère, j'ai grandi avec mon père, originaire du royaume Qi, qui servait dans l'administration militaire du royaume Wei. D'une taille au-dessus de la moyenne, je m'imposais aux autres par ma force physique. De caractère instable, initié à l'art de l'épée, je donnais libre cours à mon besoin d'action. Je devins l'un de ces hommes de main professionnels, ou mercenaires si l'on veut, qui sillonnaient le monde pour se mettre au service d'un seigneur capable de les employer. Je faisais cependant figure à part : ne supportant pas l'injustice, je me plaçais du côté des faibles. Un redresseur de torts alors ? Je ne récusais pas ce titre.

La violence et l'arbitraire commençaient à régner partout. Les tyrans, petits ou grands, pullulaient. J'avais fort à faire. Je participais aux attaques contre ces puissants à la fortune mal acquise, sans exclure l'assassinat. Ensuite, je distribuais aux pauvres l'argent récupéré, tout en conservant, pour ma subsistance, quelques pièces d'or et d'argent. Je me gardais de m'en glorifier.

J'adoptais un style de plus en plus grossier, de plus en plus rude aussi, rude aux autres, rude à moi-même. Après chaque coup de main, avec mes compagnons, nous échangions des jurons, de grosses plaisanteries pour nous détendre. Lorsqu'il m'arrivait d'être blessé, je m'appliquais des poudres de seiche pour arrêter le saignement, et je me saoulais à l'alcool dur pour oublier la douleur. À deux reprises, je fus arrêté, torturé, mais réussis tout de même à m'évader. L'existence des seigneuries, des royaumes, nous permettait de nous exiler, de changer d'identité, d'échapper ainsi aux poursuites.

Arriva un moment où je finis par m'assagir. J'en avais assez d'être ce justicier à la petite semaine. Je m'enfonçai dans la montagne. Là, au détour d'un repli isolé, on était à peu près sûr de rencontrer un vrai maître d'arts martiaux, ou un maître de vie tout court. Auprès de ces sages, j'appris à réfléchir davantage et mieux. À essayer de faire un plus noble usage de ma personne, à dévisager les affaires du monde plus à distance. Pour autant, le sentiment d'indignation ne me quittait pas, il s'y mêlait seulement un sens plus poussé de la vanité des choses, ainsi que ce sentiment plus diffus qui a pour nom « pitié ».

Je repris la route. Je me sentais attiré par le compagnonnage. J'errais à ma guise, aux côtés d'autres vagabonds, des rebelles, des désœuvrés. Que ce fût en marchant ou aux moments de pause, on s'enivrait, on chantait, on refaisait le monde. Sans feu ni lieu, pareil à tous les déracinés, je connus aussi les chutes dans l'abîme de la solitude. À l'heure où le soleil escorté de nuages sombrait à l'horizon, où les oiseaux regagnaient en hâte leurs nids, je me trouvai maintes fois seul, dans une contrée inculte. Chien égaré, crasseux, transi, je poussais des hurlements afin d'éloigner les bêtes, de surmonter la peur. Il suffisait qu'au bout du chemin, enfin, les habitants d'un village perdu daignent m'ouvrir leur porte ou, mieux encore, qu'une auberge me tendît ses bras, toutes lanternes rallumées, aussitôt je m'oubliais dans l'entrechoquement des bols d'alcool et des rires. Je déchiquetais à belles dents la viande fumée, les légumes marinés, et la vie me redevenait fête.

Je pénétrai dans le royaume Yan et découvris cette région rude du Nord-Est, dont les confins touchent la mer. Le peuple, courageux, travailleur, avait des mœurs aussi simples que saines. Le roi, âgé, se laissait vivre. La situation du pays s'avérait de plus en plus précaire. Toutefois, la paix y régnait encore.

Lorsque j'atteignis la capitale, je m'arrêtai par hasard dans cette taverne, et je compris soudain que ma longue pérégrination allait prendre fin. Un musicien est en train de jouer sur son *zhou*. Les gens, assis autour des tables, écoutent en silence, comme pour ne pas troubler l'air qui vibre harmonieusement au-dessus de leurs têtes. Debout près de la porte, je me fige, happé par l'étrange musique qui relève de l'hypnose, de l'envoûtement, de la haute célébration. Du chant viscéralement terrestre émane une résonance pourrait-on dire d'outre-ciel. Le morceau terminé, et avant d'attaquer le suivant, le musicien s'offre une rasade. Levant la tête, son regard croise le mien, nous nous sourions. Il esquisse un geste pour m'inviter à m'asseoir et fait signe qu'on me serve à boire. Son nom, Gao Jian-li, que murmure le public, frappe mon crâne comme un coup de gong. Je me sens totalement ébranlé.

L'apparition de Chun-niang, m'apportant sur un plateau bol, assiette et pichet de vin, ne me bouleverse pas moins. Entre ses mains, le tintement de la porcelaine et la couleur de l'étain prennent soudain un éclat particulier, tandis que celui de son visage m'éblouit, me laissant interdit. « Comment est-il possible que cette vieille terre soit encore capable d'engendrer une pareille fine fleur ? » m'exclamé-je avec audace dans le brouhaha général.

Pas une de ces beautés aguichantes, chatoyantes. Celles-là, je les connais trop bien, pour les avoir fréquentées, parfois plus que fréquentées. Dames de l'aristocratie, courtisanes de toutes catégories, poudrées, fardées, inséparables de leur miroir, jouant de leur minois, toujours minaudant. Chun-niang, c'est tout l'inverse.

Une beauté discrète, secrète, touchant pour ainsi dire à l'essence, d'une telle simplicité que devant elle tombent tous les qualificatifs. On s'exclame simplement : « Quelle beauté ! » ou même : « Ah, beauté ! » Pureté des lignes, noblesse du port, harmonie innée du mouvement et des gestes. Foncièrement innocente, elle ne fait pas usage de ses atouts ; son regard teinté de mélancolie trahit au contraire quelque expérience douloureuse. Tout son être invite l'homme à abandonner ses mesquins calculs, ses pénibles artifices. Quiconque prétend l'aimer ne saurait le faire qu'humblement et totalement.

Sans feu ni lieu, est-ce encore ma vérité depuis mon installation à l'auberge ? Mon lieu, mon feu, c'est Jian-li, c'est Chun-niang. Où qu'ils soient, je suis.

Chun-niang

Qu'est-il donné à une femme de supporter ? Que lui est-il permis d'espérer ? Faut-il croire qu'en ces vingtaines d'années passées sur terre, ballottée, bousculée, j'aie déjà connu le pire et le meilleur ? Du pire, je n'oublie rien, tant mon corps en a gardé l'indélébile empreinte. Mon corps de six ans déchiré par l'arrachement lorsque mes parents s'éloignèrent sur la grand-route. Mon corps d'adolescente ravagé par la souillure lorsque l'homme qui avait pouvoir sur moi me violenta jusqu'au plus intime. Mon corps de jeune fille, portant le poids de la désolation, trimant hiver comme été, exposé aux regards et aux gestes outrageants des hommes.

Que de sanglots réprimés, de larmes ravalées. Je croyais que le Ciel m'avait abandonnée. Voici que, l'un après l'autre, deux hommes sont entrés de plain-pied dans ma vie. Le barde venant de la vallée profonde, qui, ayant engrangé les chants de la terre en son âme, fait entendre la résonance céleste. Le chevalier qui vient d'ailleurs, engagé dans la bataille des hommes, qui, après le vin, sort de son gouffre du dragon et répand autour de lui des éclats solaires. En somme, l'un plutôt Yin, l'autre si bien Yang, les deux comblant ma double sensibilité.

Moi, femme peu instruite, je sais voir, je sais sentir, je sais apprécier. Révulsée par le dégoût, je rêvais d'une relation noble, durable. Elle est là ! Amitié vivifiante, comme entre plante et pluie. Amour submergeant comme la marée aspirée par la lune. Singulier trio que nous formons, singulier, mais évident, mais inébranlable ! En son sein, amitié affichée et amour inavoué créent un équilibre lumineux, exaltant, que personne ne souhaite rompre. Cette tacite entente dont j'éprouve le pouvoir, combien est-elle bienfaisante ! Avec elle, la terre me redevient séjour hospitalier, et la ronde des saisons une procession tout animée de ferveur. Je ne saurais trop dire si c'est la vie qui m'ouvre ses bras maternels ou si c'est moi qui ouvre, confiante, mes bras à la vie.

    Nous faisons en carriole des randonnées loin de la ville. Nous nous plaisons à suivre la rivière jusqu'à la source. Là, une forêt nous accueille. Les chevaux attachés à un arbre, nous y passons des heures dans la chaude lumière tamisée par le feuillage. Jian-li retrouve les éléments qui lui sont familiers. Il nous initie à tous les bruissements de la nature, aux couleurs et senteurs des plantes et des bêtes. Inspiré, il nous joue une longue mélodie improvisée, pleine de murmures et de volutes. Nous nous laissons conduire, reconnaissants, vers le ravissement. La forêt même semble se recueillir ; elle est tout en silence, tout ouïe. À part quelques feuilles et branches qui continuent à susurrer entre elles de secrètes confidences, qu'un corbeau s'emploie à faire taire à coups de cris impatients, après quoi on entend des couinements de petites bêtes qui sonnent comme des rires sous cape. Au bout d'un moment, Jing Ko se lève. Il exécute une danse à l'épée sans se précipiter. Ses pas, ses gestes prolongent le rythme envoûtant que la musique de Jian-li vient d'impulser.

De temps à autre, mes compagnons évoquent quelques-uns de leurs hauts faits. Je n'ai jamais voyagé, ne connaissant l'ailleurs qu'à travers les bribes d'histoires échangées entre eux par les clients de l'auberge. Aussi est-ce avec passion que je suis les aventures de l'un et de l'autre qui ébranlent ma sensibilité et enflamment mon imagination.

Un tel état de partage peut-il être vraiment de ce monde ?

Gao Jian-li

Chacun de notre côté, nous avons traversé les dures épreuves de la vie. Tous trois ensemble, nous avons atteint l'état de l'harmonieuse félicité. Cet état est-il vraiment de ce monde ? Comme Chun-niang, je doutais qu'il pût durer. Nos craintes, hélas, s'avérèrent justes. Un beau matin, elle nous fut enlevée.

On peut s'étonner que cela ne se soit produit plus tôt. La beauté de Chun-niang, pour secrète qu'elle fût, ne pouvait rester longtemps ignorée. Elle ne pouvait pas ne pas attirer la convoitise des nantis, des puissants. Là aussi, la femme est victime de l'appétit sans vergogne des hommes. Remarquée par les officiels du Palais chargés de recruter des concubines pour le vieux roi, Chun-niang nous fut arrachée au bout d'un implacable processus. Aux yeux de certains, c'est un insigne honneur. Pour d'autres, une fatalité. Pour nous, cet ordre des choses est d'un arbitraire révoltant, inacceptable. Jing Ko aurait été tenté par une action. Comment oser cependant courir le risque de tout rater et de porter atteinte à la vie de celle qui nous est la plus précieuse ?

Nous n'avions pas pu lui dire adieu convenablement, à cause de la contrainte protocolaire qui entourait son départ. Les officiels, l'obligeant à se parer, à se vêtir de la lourde veste d'apparat et à monter dans le palanquin aux sons criards d'un minable orchestre, étaient ridicules de rigidité. Le patron de l'auberge n'était pas en reste. Ce « père » indigne se prosterna devant sa « fille adoptive », frappant le sol de son front pour lui demander clémence.

La brusque absence de Chun-niang nous plongea dans un désarroi que nous n'avions jamais connu. Nous nous trouvions soudain démolis, vidés de notre substance, sans défenses aucune. Jusque-là, sur le chemin de la vie, nous les hommes, mâchoires serrées, muscles bandés, nous avions encaissé des coups sans broncher ni verser une larme. Cette fois-ci, nous étions atteints à un endroit insoupçonné. À la pointe du cœur sans doute, ce quelque chose qui saigne continûment, sans la moindre pause, le jour, la nuit, comme si notre corps ne devait plus connaître de repos que vidé de son sang. Nous ne disions mot mais, nous le savions, ce qui échouait en nous n'était autre que le chagrin d'amour. La vie quotidienne fournissait cent détails qui, rappelant notre aimée, nous bouleversaient : le bruit de bols et d'assiettes lorsqu'on les déposait ou ramassait, une bouffée de parfum de prunus qui nous venait par la fenêtre, le tablier vert tendre qu'elle n'avait pas emporté... Nous tenaillait l'envie de son regard, de son sourire, de la vibration de sa voix et de son corps, de cette clarté lunaire qui nous portait et nous inondait, si proche, familière, et dans le même temps si lointaine, inaccessible.

Dans notre existence menée à la dure, le « chagrin d'amour » était banni de notre vocabulaire. Il signifiait pour nous « faiblesse de femmelette ». Nous cultivions le compagnonnage viril, le rire tonitruant, l'alcool qui brûle les boyaux comme une coulée de lave. Voilà que la nostalgie nous empoignait jusqu'au tréfonds, nous laissant désarmés. Nous fallait-il en passer par là ? N'y avait-il pas une voie initiée par le féminin, que nous avions traitée de haut, mais qui serait aussi royale ?

Je commence à entendre, à vraiment entendre les hauts chants d'amour depuis l'antiquité. Chants pudiques du *Livre des Odes*, chants passionnés de Qu Yuan. Chants de félicité ou de lamentation, c'est tout un. Moi aussi, à ma modeste manière, j'entre dans la cohorte des chantres qui maintiennent allumée la Voie lactée des âmes aimantes et aimantantes.

Ma musique, à présent, est plus proche de la résonance de l'âme. Chose vraie peut-être depuis toujours, néanmoins renversante découverte pour moi. Le chant le plus authentique est plus qu'un produit maîtrisé par l'esprit ; il jaillit bien de l'âme. La grande affaire pour un artiste, j'en suis persuadé maintenant, c'est d'entendre et de donner à entendre l'âme qui l'habite et qui résonne de fait à l'âme cachée de l'univers. Comment ne pas me rendre compte alors que dans mon jeu passé prédominaient la véhémence et l'exaltation ? La séance terminée, Jing Ko, Han le Gros et quelques autres se joignent à moi. Tous se sentent soulagés par ma musique qui a su exprimer leur sentiment de révolte contre le cours injuste et tragique de l'histoire humaine. Nous chantons en sanglotant, nous nous saoulons à grosses lampées pour prolonger l'émotion. Quant à l'autre versant de ma musique, ces étendues parcourues par des mélopées plus sentimentales ou plus compassionnelles, je savais, naturellement, les introduire lorsque la tension est trop forte. Il s'agissait d'une empathie de bon aloi ; il y manquait ces accents qui venaient de vraies blessures.

D'un cœur brisé, Jing Ko et moi nous pénétrons ensemble un monde intérieur plein de silence et d'échos, de murmures d'un chant inconsolable qui, étrangement, est seul apte à tant soit peu nous consoler. Notre amitié s'en trouve approfondie, comme purifiée. Un attachement sans condition, sans limite, dans lequel notre dialogue ascensionnel nous hisse à une hauteur d'autant plus franche, plus noble qu'elle est désintéressée, sans souci aucun de nous ménager, de nous plaire.

Acte II

Chœur

Noble amitié, noble amour. Heureux ceux qui connaissent les deux dans le même temps. Si l'amour enseigne le don total et le total désir d'adoration, l'amitié, elle, initie au dialogue à cœur ouvert dans l'infini respect et à l'infini attachement dans la non-possession. Les deux, vraie amitié et vrai amour, s'épaulent, s'éclairent, se haussent, ennoblissant les êtres aimants dans une commune élévation. Moment miraculeux. Si miraculeux qu'il ne saurait se lover dans la durée. Bien nombreux, se tapissant partout, sont les obstacles extérieurs. L'un d'entre eux, en temps voulu, vient en interrompre le cours.

Mais les êtres à l'âme élevée ne se rendent pas ; ils sont aptes à transmuer l'absence en présence. Toute force oppressive a pouvoir sur les corps ; nulle ne peut emprisonner les âmes, ni l'une de l'autre les séparer. N'est-ce pas précisément ce que l'on observe chez les âmes fortes : plus longue est l'absence, plus ardent devient le désir dans l'attente. Pour peu que s'offrent un jour les retrouvailles, les cœurs épris, irrépressiblement, s'embraseront.

Passion d'amitié, passion d'amour. Mais il en est d'autres tout aussi obsédantes ; lorsqu'elles s'emparent des hommes, elles ne les lâchent plus. Passion pour les richesses, passion pour le pouvoir, passion de la possession et de la domination. Les drames qu'elles engendrent s'écrivent en lettres de sang. Regardons de plus près : comment les puissants agissent-ils ? Comment les victimes réagissent-elles ? Que le destin frappe, et chacun est sommé d'y répondre. Chacun y répond à sa manière, selon sa mesure.

Ici, la grande histoire empiète sur les petites. La grande histoire, sur son implacable échiquier, utilise tous les êtres comme des pions, les hommes remarquables comme les petites gens. Nul n'échappe à ses gifles, encore moins à ses griffes. Pour l'heure, il nous est difficile de détourner notre regard du devant de la scène où s'intensifie et s'accélère le drame entre deux protagonistes : le roi Zheng des Qin et le prince Dan des Yan. Après l'effondrement de l'ancienne dynastie des Zhou, la terre chinoise a éclaté en de nombreuses seigneuries et principautés. D'incessantes guerres et annexions successives ont abouti à la formation de sept royaumes. Chacun se méfie de ses voisins, et tous, armés jusqu'aux dents, sont sur le qui-vive. La plupart d'entre eux, pourtant, n'ont pour rêve que celui de subsister. Excepté un ou deux qui, poussés par une ambition dévorante, n'ont de cesse de conquérir les autres.

Le royaume Chu, situé au sud du fleuve Yangzi, est le plus vaste, le plus riche de tous. Sa puissance potentielle eût justifié sa prétention à l'hégémonie. Le plus menaçant, néanmoins, est le royaume Qin, situé, lui, au nord-ouest et qui, chose inattendue, est le moins bien gâté par la nature. Dirigé d'une main de fer par un jeune souverain, ce pays est doté d'une armée à l'esprit guerrier, redoutée de tous. Aussi ambitieux qu'audacieux, le roi Zheng est connu pour son caractère cruel et féroce. On le compare volontiers à un tigre. Par force et par ruse, il réussit déjà à mettre la main sur les royaumes voisins Han et Wei. Son ombre s'étend bientôt sur le royaume Zhao, ombre grosse d'effrois qu'elle inspire, puisque, invariablement, elle annonce batailles sanglantes et carnages sans pitié.

Après l'annexion du royaume Zhao, qui pourrait encore empêcher le roi conquérant d'envahir le royaume Yan ? Combien le prince Dan des Yan, destiné à succéder à son père le vieux roi, avait-il raison de se faire du souci, lui qui avait appris à connaître le jeune Zheng, déjà tyran en herbe, à l'époque où tous deux étaient placés comme « otages » au royaume Zhao ! Placer un prince en otage chez un pays voisin était alors gage de non-agression. Le royaume Zhao, coincé entre le royaume Qin, à l'ouest, et le royaume Yan, à l'est, avait donc été le terrain de rencontre des deux futurs protagonistes. Vivant en exil dans la précarité, les deux jeunes gens avaient partagé leurs heures désœuvrées. Leur différence sautait aux yeux. Le prince Dan était plutôt de faible constitution, mais derrière son apparence accommodante se cachait toutefois un homme régi par des principes moraux. Ayant beaucoup souffert, il nourrissait le dessein d'améliorer le sort de son peuple lorsqu'il succéderait à son père. Le prince Zheng, lui, était tout le contraire. Doué d'une santé insolente, sanguin, fougueux, aimant la chasse et la bonne chère, il dévorait la vie à belles dents, d'où son surnom de « Tigre » ou de « Léopard ». Retors, il savait intriguer pour se ménager une situation avantageuse. Dans les jeux entre garçons, il n'aimait rien tant que maintenir comprimé entre ses jambes le compagnon agenouillé, en partant d'un gros éclat de rire. Le malheur avait voulu que plus tard le prince Dan fût placé un temps comme otage, cette fois-ci au royaume Qin, à l'époque où le jeune Zheng en était devenu le roi. Dans sa situation de captif, il n'avait pu que subir davantage l'impitoyable arrogance de son « frère ennemi ».

La menace des Qin se faisait donc sentir de jour en jour, d'autant plus qu'un fait contribua à attirer le courroux du roi Zheng. Un militaire, le général Fan des Qin, ayant refusé d'exécuter un ordre arbitraire dicté par le roi, encourait la peine capitale. Il fuyait de pays en pays sans qu'aucun n'osât l'accueillir. Parvenu au royaume Yan, il y trouva refuge. Le prince Dan, qui le connaissait et l'appréciait, lui offrit asile. Après ce geste tout à la fois généreux et dangereux, ayant toutes les raisons d'être inquiet, le futur souverain alla consulter le haut dignitaire Wu. Celui-ci lui proposa un plan de redressement ambitieux qui permettrait d'enrichir le pays et renforcer ses défenses militaires. Le prince répondit : « Cela est conforme à mon dessein. Mais nous sommes dans l'urgence. Il nous faut un plan efficace immédiatement. »

Il se rendit alors chez sire Tian Guang, un homme vénéré de tous pour son esprit et sa morale. Il lui fit part de la situation et de la nécessité de trouver un moyen pouvant porter atteinte directement au roi des Qin. Son interlocuteur, après un moment de réflexion, lui dit : « Prince, je suis trop âgé pour être à même de participer à une stratégie. Vous pouvez vous adresser utilement à Jing Ko, un homme exceptionnel qui possède la double qualité de réflexion et d'action. Il vit à l'auberge de la porte du Sud. Laissez-moi le temps de le rencontrer et de lui transmettre votre invitation. »

Au moment de prendre congé, le prince recommanda à son hôte de ne souffler mot à personne de leur conversation ; il s'agissait là, lui dit-il, d'une question de vie ou de mort. Hélas, cette recommandation, suggérant qu'il n'avait pas une absolue confiance en lui, était de trop : elle blessait l'homme d'honneur qu'était sire Tian. Celui-ci sourit néanmoins. Il fit un signe de la tête pour rassurer le prince.

Jing Ko

Sire Tian Guang m'invita chez lui pour me faire part de sa rencontre avec le prince Dan et du désir de ce dernier de me voir. À la fin, il ajouta : « Au moment de prendre congé, le prince a cru nécessaire de me recommander de garder le secret. Je n'ai donc pas dû, par ma personne, lui inspirer la confiance absolue ! » Sur ce, tranquillement devant moi, il se trancha la gorge. Ah, nul doute que par ce geste, il rassura le prince ! N'avait-il pas voulu aussi me montrer que la tradition de l'honneur perdurait ?

La stupeur passée, je me rends au Palais où l'on m'introduit aussitôt dans la salle d'audience. Me voyant arriver, le prince Dan quitte promptement son siège et me salue d'une profonde révérence. Je lui apprends la mort de sire Tian.

Pris de remords, mon hôte fond en larmes. Puis il se ressaisit. Après m'avoir exposé à nouveau la situation du pays, il en vient à l'idée qui visiblement le hante : comment approcher au plus près le roi Zheng des Qin et, une fois devant lui, réussir à attenter à sa vie, sans toutefois exclure la possibilité de le saisir vivant ? Pour être plus clair, le mot « assassinat » est lâché. S'ensuit une explication de sa part : « Le tyran "neutralisé", son pays va plonger dans un grand désordre. Je le connais pour y avoir séjourné en tant qu'otage. Plusieurs forces rivales vont se disputer sans merci le pouvoir... »

Toutes ces paroles s'adressent à moi. Le prince dépose le sort de son royaume sur mon épaule et attend de moi, en somme, le sacrifice suprême. Nous demeurons, face à face, dans le silence de cette sombre salle d'audience. Comme nous aimerions que sire Tian soit là pour nous conseiller ! Je finis par demander à réfléchir.

Retiré chez moi, plongé dans ma solitude, je tente d'y voir clair. Mais pourquoi tant réfléchir ? C'est cette habitude qui, entre-temps, a émoussé le tranchant de ma nature. Jadis, je fonçais tête baissée, relevant tous les défis, même les plus périlleux. Quoi, le salaud est là ? Allons-y ! Éclair de la dague fendant l'air. *Sha !* Chairs éclatées, entrailles versées… Cette dureté d'acier d'antan, l'ai-je encore en moi ? Je sais que ce n'est pas seulement la réflexion qui m'aurait ramolli. Entre-temps, j'ai connu d'autres sentiments que la révolte. Sentiment d'amitié qui vous élève et sentiment d'amour, indicible, pour une femme. Cela non seulement compte, mais peut justifier une vie ! Suis-je pour autant dispensé de réfléchir ? Un nouveau défi m'est lancé, à ce moment de ma vie. Dois-je le relever ? L'entreprise proposée est proprement insensée, quasi surhumaine. Aller affronter le roi des tigres, au milieu d'autres tigres, au cœur de leur repaire ! La seule bravoure n'y suffira pas. Il y faudra autant de finesse que de courage, autant de ruse que de droiture. Avec, à terme, la mort, certaine, atroce… Est-ce à moi de le faire ? Est-ce pour cela que je suis venu sur terre ?

Au fond de moi, je l'entends avec effroi, cette voix mienne qui a parlé, qui a dit oui. Au fond de moi, je le sais : je contiens depuis trop longtemps en moi ma colère contre la rapacité des tyrans qui enténèbre le monde, contre leur mépris, leur injustice, leur violence aveugle. J'ai voyagé dans des pays soumis par le tyran des tyrans, j'ai été témoin des féroces répressions subies par les peuples réduits à l'état d'esclaves rampants. Parvenu au royaume Yan, j'ai appris à aimer ce peuple du Nord, fier et libre. Il s'est frotté aux barbares ; il ne se soumettra pas sans se battre. Il va payer le prix fort. Peut-être par mon sacrifice pourrai-je contribuer à le sauver ? Et par là sauver ceux que je porte dans mon cœur, l'Ami Jian-li et l'Amante Chun-niang ?

Toi qui as été justicier, qui as supprimé la vie d'autres personnes, as-tu agi de façon toujours juste ? Eh bien, interroge-toi. Peux-tu continuellement esquiver ta propre mort, continuellement ruser avec elle ? Le temps n'est-il arrivé pour toi d'honorer ton mandat ? Peut-être es-tu venu au monde pour faire face à ce défi ! Peut-être est-ce bien à toi de faire ce qu'il y a à faire !

Gao Jian-li

Ce jour-là, Jing Ko me propose d'aller avec lui en forêt. Nous nous y rendons à cheval. À mi-chemin, il se lance au galop. Je le suis. Le vent siffle à nos oreilles. Le martèlement des sabots fait lever à l'arrière une longue traînée de poussière et de feuilles mortes. Je goûte fort cette chevauchée; j'y retrouve mes brusques déchaînements de jadis, du temps où j'étais berger. Dans le même temps, je devine que mon ami est poursuivi par un drame.

Une fois dans la forêt, lui adossé à un rocher, moi à un arbre, mon intuition se vérifie. Sans hâte, avec gravité, il m'expose toute l'affaire. Sous le choc, raidi par l'émotion, je suis prostré, incapable de prononcer un mot. Nous demeurons ainsi un bon moment. Combien de temps, je ne sais.

Tandis que la forêt bourdonne des sourds battements de l'éternité, les êtres frêles – ces guêpes au bord des pétales, ces fourmis à la surface des lichens –, pressentant l'imminence de la tempête, s'amassent, s'immobilisent ; ils s'étonnent d'être là un instant encore, de ce côté de la vie…

Brisant le silence, Jing Ko me consulte, me demande mon avis. Je sens qu'il fait semblant, qu'au fond de lui, il est décidé. J'attends qu'il m'annonce sa décision et je m'incline. Je ne joue pas les consolateurs, étant moi-même perdu. On peut raisonner de mille manières, regretter que l'épreuve de la mort se soit imposée trop tôt. Mais vient l'heure où chacun est renvoyé à sa vérité. Est-ce histoire de dire quelque chose, ou mû par une conviction ancrée en moi ? Je jure à l'Ami que, quoi qu'il arrive, où qu'il se trouve, je serai toujours avec lui. Ancré dans cette certitude, j'ai l'audace de lui affirmer que mon chant ne connaîtra plus aucune limite, qu'il atteindra l'Au-delà. Qu'au-delà des corps séparés, plus que jamais, les âmes liées seront réunies.

Croit-il à l'âme, Jing Ko ? À son tour, il s'incline, sans mot dire.

Jing Ko

Au prince Dan, je dis mon acceptation d'y aller.

Mais comment ? Il s'agit d'échafauder un plan précis me permettant d'approcher au plus près le roi des Qin, dont on connaît la méfiance. Un élément essentiel : comment garder mon poignard sur moi ? Il y aura forcément surveillance et fouille avant l'audience.

Après force réflexions, il est décidé que le royaume Yan proposera, en gage de volonté de paix et en guise de tribut, d'offrir au royaume Qin quinze villes frontières. Lors de l'audience, le représentant des Yan – moi en l'occurrence – montrera au roi des Qin la carte détaillée des quinze villes en question. Dans cette carte soigneusement pliée se trouvera le poignard dont j'aurai besoin.

Un problème nous préoccupe : que répondre si le roi des Qin aborde la question du général Fan ? Pour sûr il l'abordera. Le tyran rancunier ne lâche jamais prise. Se produit alors le deuxième décès volontaire, avant même que le plan d'assassinat soit mis à exécution. Force nous est de croire que le dieu de la justice exige des sacrifices ! Le général, mis au courant, se présente à moi et dit : « Le potentat sanguinaire exigera ma tête, qu'on la lui donne ! Après ma fuite, il a fait massacrer tous les miens. Ma survie, jusqu'ici, n'était que douleur et regret. Maintenant, assuré d'être vengé, que m'importe de disparaître ! » Sur ce, il se tranche la gorge devant moi. Une fois de plus, je me vois rappelée l'implacable loi de la chaîne des honneurs. La tête du général, embaumée, fera partie des tributs à payer.

Tout est-il prêt pour autant ? Je demande un délai, car je désire être secondé par un ancien condisciple en arts martiaux, supérieurement doué et justicier hardi. Nous nous étions promis entraide. Il vit dans la montagne, aux confins du Nord.

Gao Jian-li

Cette vie est plus tumultueuse que les rapides d'un fleuve, parce qu'elle est faite de chair et de sang, de désirs irrépressibles et de passions sans frein. Il suffit d'une brèche dans la digue péniblement bâtie par les humains pour que l'inattendu s'y engouffre.

Envers l'homme capable, résolu au sacrifice, le prince Dan est plein de gratitude. Durant le temps d'attente, avant l'acte suprême, il entend le combler de biens de la terre. Quoi de plus naturel ? Mais je ne parle pas ici des biens que sont la haute incantation à l'unisson de la nature, la pure résonance dans laquelle les âmes s'embrasent. Ce qu'offre le prince correspond aux critères communs, c'est une luxueuse demeure, ce sont de soyeux habits, de fins mets, de belles femmes.

Comment ne pas comprendre l'octroi de tels avantages ? Dans peu de temps, Jing Ko va mourir ! Cependant, au fond de moi, la crainte me saisit : l'homme déchiré ne verra-t-il son déchirement augmenter ?

Abyssale crainte, submergeante joie, quand Jing Ko réclame le retour de Chun-niang à la vie civile.

Revoir Chun-niang en cette vie, la revoir pour de bon ! De quoi se prosterner à terre, et clamer au Ciel nos reconnaissances ! Au cœur du tragique, ce sublime rayon de soleil. Pourtant c'est bien ce tragique qui nous la ramène. Que faut-il en comprendre ? Nul doute que l'amour est le bien suprême. C'est une loi inscrite dans les astres, sur les stèles. L'amour seul nous console, l'amour seul nous sauve. Seulement voilà : si l'amour passion est la plus grande félicité, il est aussi la plus grande souffrance. Je tremble devant cette troublante évidence.

Tenir Chun-niang dans nos bras, jouir avec elle, jouir d'elle, chose inouïe. Y avons-nous pensé ? Sans doute oui. Sans doute non. Parce que nous avons vécu l'amour amitié, l'amitié amour, chose tout aussi inouïe, si déliée, si légère, ouverte.

Jing Ko va tenir Chun-niang dans ses bras. L'intimité qu'ils vont vivre va accentuer ma solitude. Envie ? Jalousie ? Sans doute oui, sans doute non ! Comment ces sentiments mesquins pourraient-ils m'obséder ? Jing Ko va mourir, rien ne compte à côté ! Qu'auparavant tous ses désirs soient comblés ! Peuvent-ils être comblés, les désirs humains ? Voici, en fin de compte, ma crainte. Quand parle le corps humain, le corps seul, y a-t-il jamais une limite ? De quoi est-il permis à l'homme de jouir ? Que lui est-il donné de supporter ? L'homme déchiré verra-t-il sa déchirure toujours plus béante ? L'amour passion n'est-il pas quelquefois plus violent que la mort ?

Que je demeure, en silence, le fidèle gardien de l'innocence à trois, de ce jade lumineux que les laves terrestres, si tourmentées, ont un jour réussi à engendrer.

Chun-niang

Lors même que tout n'est que douleur, j'ai marché droit vers toi. Lors même que tout se révèle trop tard, j'ai marché droit vers toi. Pour un instant encore, je suis avec toi, Jing Ko.
 Moi, femme silencieuse, étouffée de souffrances tues, à moi l'audace de dire enfin mes sentiments.
 Durant mes jeunes années, parce que j'étais sans défense aucune, on m'a prise et possédée. Plus tard, toujours sans défense, j'ai été livrée aux désirs des hommes. Par miracle, je me retrouve ici, délivrée. Suis-je pour autant maîtresse de mon destin ? Comme j'aimerais répondre oui ! Ce que je sais du moins : pour la première fois de ma vie, je me suis donnée à un homme, et c'est à toi. Lors même que tout n'est

que douleur, lors même que tout se révèle trop tard. Ô femme apparemment docile, néanmoins marquée au sceau d'un désir informulé, si infini que plusieurs vies ne suffiront pas pour le sonder !

Le temps compte-t-il encore ? Ce qui est arrivé, avant, nous croyions le savoir ; de fait, nous n'en savons rien. De ce qui adviendra après, nous prévoyons tout le tragique ; de fait, nous n'en savons rien. Il nous reste ce présent. Nous nous y livrons entiers. Bien plus qu'entiers, survoltés, submergés, à l'infini. Marées printanières ne s'embarrassant plus de rien, charriant tout, s'emparant de tout, soulevant toutes montagnes, fouillant toutes vallées, ignorant tout obstacle, tout horizon. Se mêlant au soleil, à la lune, à tout le souffle qui meut l'univers, hors du monde connu et du temps. Ô mystère ! Qui sommes-nous ? Où sommes-nous ?

Quelle est cette énigmatique force du désir qui nous ballotte, nous pulvérise ? Et vers quel Au-delà ?

Pourtant nous sommes encore ici, pour un instant encore. Le bref printemps est semé d'orages. Toute douceur est déjà douleur, toute tendresse est déjà violence. Pauvres humains au corps rompu, au cœur brisé, le destin humain n'est point fait pour eux. Déjà, nos appels désespérés rejoignent le lointain grondement. Ils s'y noient, qui les entendra ?

Mais je ne cesserai de parler, tant que je serai sur terre. Moi, femme silencieuse, comblée de joies vécues, étouffée de souffrances tues, à moi l'audace de dire mes sentiments, à moi de tout dire.

Jing Ko

Oui, Chun-niang, aie l'audace de tout dire. Moi, homme d'action, je ne manque pas de témérité, mais les mots me font défaut. Bien que j'aie aussi ma manière de parler. Les mots, cependant, peuvent-ils tout dire ? Par-delà les murmures, les supplications, les cris, n'y a-t-il pas toujours cette faim-soif insatiable, ce visage-nuage hors de portée ? On croit posséder quelque chose, on n'étreint que le rêve.

Ayons néanmoins l'audace de parler, avant qu'il ne soit trop tard. À l'homme aux abois, il reste ce laps de temps pour cracher ce qu'il a sur le cœur.

J'ai connu des femmes, des simples, des tortueuses, des faciles, des compliquées. Jamais m'attacher, jamais m'attarder ! Je glissais de désinvolture en désinvolture, plaisir et dégoût entremêlés. Mais devant toi, perle irradiante, l'unique, tout accaparement est sacrilège et toute hâte profanation. Jian-li et moi, nous l'avons compris. Comme j'ai nostalgie de notre innocence à trois ! À présent que nous deux, nous sommes passés par la grande cassure, comment oublier le corps en incandescence, le sang en ivresse ? Comment oublier la brûlure au cœur et l'ineffable sourire d'extase ?

Quelle jouissance est-elle permise à l'homme ? Que lui est-il donné de supporter ? Si je savais, aurais-je dû t'appeler ? Si nous savions, aurions-nous dû nous jeter dans la flamme, papillons affolés ? Chair brûlée, empreinte calcinée que l'éternité n'efface plus.

Femme, laisse-toi lier par la tendresse durable, par l'infinie aspiration. L'homme doit se détacher, se battre et mourir ! Je veux bien me laisser convaincre : il ne dépend pas de nous de ne pas mourir, comme il ne dépend pas de nous de ne pas aimer. Si tout est regret, le plus grand ne serait-il pas de ne pas avoir aimé ?

Dans mon désarroi, je lève un instant la tête

vers toi, Ciel. Si tu me vois, aie pitié de moi. Aie pitié de l'homme pressé par l'urgence. Avant d'affronter l'effroyable, cette frénésie, cette folie... Aie pitié aussi, toi, Jian-li, si tu peux m'entendre. Nous t'avons offensé ; cela ne vient pas de notre volonté. Je ne doute pas, moi, qu'en fin de compte tu nous auras protégés, préservés.

Gao Jian-li

Le temps de l'adieu approche.
La chaleur solaire est encore là. La faim et la soif restent vivaces. Chers vous deux, pris dans la nasse de la passion, comme je suis avec vous, comme je vous entends et voudrais vous crier : « Aimez-vous sans regret, aimez-vous en paix ! » Est-ce encore possible ? Il faudrait toute la sagesse du monde pour être tout à la fois attaché et détaché.
Une telle vertu est-elle à portée des humains ?
Ô, sachez, chers vous deux, que j'ai vécu aussi la passion, à travers vous. Que vos chairs et os sont miens, que sont miens vos larmes et sang. Voici que vient l'heure où le corps humain a craché toute la flamme de sa fièvre, où l'âme humaine va se livrer aux lamentations, aux

appels, aux échos sans fin. Oui, sans fin. La mort va perdre son pouvoir d'arrêt ; elle ne pourra plus assurer son règne.

Jing Ko, nous deux, nous le savons. Nous qui portons en nous le souffle, nous serons emportés par le souffle. Toi par le souffle intègre, moi par le souffle rythmique. Nous devons passer par la nuit. Ce qui doit arriver arrivera. Ô froidure, ô ténèbres, vous nous aurez, nous aurez-vous ? Ici, maintenant, nous vous attendons les armes à la main.

Jing Ko, dans ta main la dague, dans la mienne le *zhou*. Je ne te quitterai pas. Mais seul tu vas affronter le terrible. Voilà que je ne peux m'empêcher de trembler. Trembles-tu ? Tout ce que je pressens : chez moi, lamentation se découvrira incantation. Ma résonance atteindra l'Au-delà, nos âmes errantes y éliront demeure.

Acte III

Chœur

L'ami en arts martiaux qu'attendait Jing Ko tardait à venir. Le prince Dan se montrait de plus en plus anxieux, à mesure que la situation devenait plus pressante. Il proposa à Jing Ko de remplacer l'ami par Qin Zao-yang, un lutteur costaud connu pour sa bravoure. Jing Ko fut contraint d'accepter.

Vient le jour du départ. Jour gris d'automne, la tristesse étouffe le cœur des hommes. Le prince Dan, accompagné de Chun-niang, de Gao Jian-li et de quelques membres de la Cour, escorte Jing Ko et Qin Zao-yang jusqu'à la rivière Yi, frontière naturelle du royaume. La route qui y mène est cahotante : grondement des chars, silence des hommes. Excepté les deux partants, tous sont vêtus de blanc écru, couleur de deuil.

Au bord de l'eau, sur la berge, on procède aux rites de sacrifice dédiés aux dieux des ancêtres et à ceux de la route. Après les dieux, on rend honneur aux hommes. Un repas est servi, non pas un de ces repas bâclés, mais un vrai banquet, le dernier peut-être, le dernier sans doute : viandes, légumes, riz, vins, fruits, ces biens précieux de la terre. L'adversité n'y change rien, il convient que les besoins des humains soient satisfaits et les gestes essentiels accomplis.

Le repas terminé, Gao Jian-li se lève et se met à l'écart. Son *zhou* posé sur les genoux, il joue. Tout d'abord un morceau grave et solennel, puis il entre dans le mode *zhi*, celui du « ton rompu ». C'est dans ce mode que les musiciens expriment les sentiments les plus tragiques. À mesure que le chant avance, les sons mêlés au bruit de l'eau résonnent plus poignants, plus intenses. Les participants à la scène ont les yeux exorbités et les cheveux dressés. On entend Gao Jian-li, accompagnant son instrument, chanter à voix basse :

QUAND REVIENNENT LES ÂMES ERRANTES

Siffle le vent, l'eau de la Yi est glaciale
S'en va le brave, jamais ne reviendra

À ces mots, Jing Ko se lève. Il reprend ces paroles, les chantant à voix haute, comme pour les approuver. Il salue le prince, Chun-niang, Gao Jian-li, puis tous les présents à la ronde. Il monte sur son char et s'en va au galop, suivi de Qin Zao-yang, en direction du bord de la rivière et du pont qui l'enjambe. Tous ceux qui restent là, étranglés d'émotion, les yeux brouillés par les larmes, regardent s'éloigner leurs silhouettes, jusqu'à ce qu'elles s'effacent à l'horizon.

Au-delà de la Yi, l'homme d'honneur sera livré à lui-même. Il ne peut plus compter que sur son courage et la force de ses bras. Chacun retient son souffle.

Jing Ko

Une fois la Yi traversée, nous foulons le sol conquis par l'ennemi.

Le voyage jusqu'à la capitale des Qin dure plusieurs jours. Qin Zao-yang étant peu bavard, je suis amené, sur la pénible route, à reconsidérer la situation. Est-ce que l'idée d'abandonner m'aurait effleuré ? Répondre oui serait faux. Répondre non ne serait pas tout à fait juste. À ce point insensée, l'expédition me semble tout d'un coup irréelle. Serais-je pris dans un affreux cauchemar ? Ou engagé dans une grotesque représentation théâtrale ? En revanche, par-delà ces visions troublantes, je vois, repoussée très loin, comme brume à l'horizon, une figure, elle plus réelle que le réel, la seule qui importe, riante, pleurante, infiniment bienfaisante, douce clarté féminine transmuée en une présence maternelle que pourtant de ma vie je n'ai jamais connue, qu'il ne m'est plus temps de connaître…

Très vite, la poussière soulevée par les chars emporte pensées et sentiments. S'impose à moi la tâche à accomplir qui requiert ma présence d'esprit. Elle me rappelle que cette entreprise a déjà coûté la vie au sire Tian et au général Fan, mes deux devanciers en quelque sorte. Derrière moi, je vois le prince Dan à qui j'ai donné ma parole, et tout un peuple qui, bien que tenu dans l'ignorance, est néanmoins dans l'attente d'un miracle.

Dans la capitale, de fastidieuses démarches m'attendent pour l'obtention d'une audience. Arrive enfin le jour accordé. Après avoir subi un contrôle sévère, nous pénétrons dans la salle du trône. Une salle tout en largeur et en longueur qui frappe par sa majestueuse solennité. L'atmosphère est martiale. À notre entrée, les officiels proclament à voix haute notre titre et nos noms ; leurs cris se répercutent de colonne en colonne jusqu'à l'oreille de l'empereur. À nous maintenant d'avancer. Afin sans doute d'impressionner davantage les représentants étrangers, l'empereur assis sur son trône est démesurément éloigné de l'entrée de la salle. Pour l'approcher, on se doit de parcourir toute cette distance, entre deux noires rangées de dignitaires et de gardes armés. Voilà que Qin Zao-yang, à mon grand dam, se met à trembler. Tenant des deux mains la boîte contenant la tête du général Fan, ainsi que la carte pliée, plus pâle qu'une tranche de navet, il ne peut plus faire un pas. Aux officiers qui s'en étonnent, j'explique, d'une voix qui se veut rassurante, que mon compagnon est simplement intimidé par la grandeur de la cour des Qin. Privé de façon imprévue de sa force d'aide, je sais à l'instant même que le dieu du destin m'oblige à assumer seul l'acte final.

Prenant la carte pliée, j'avance à pas lents.

Devant le trône, je me prosterne. Relevant la tête, je vois enfin la face du tyran, le front barré, la barbe drue, l'œil perçant dardant sa lueur rapace. Je déclare :

« Sa Majesté permet-elle que je lui montre la carte des quinze villes que le royaume Yan est disposé à céder au grand royaume Qin ?

— C'est bien, faites-le. »

Malgré ma tension, j'avance à pas mesurés en direction de ma cible, pose la carte sur la table à côté du trône et la déplie.

Le poignard brille de son éclat.

Je le saisis. En un instant l'œil d'aigle du tyran a tout capté. Son corps de léopard saute de son siège, bondit vers une colonne derrière lui. Je bondis de la même façon, réussis à attraper un pan de sa robe, tente de maîtriser ce corps en fuite. L'homme qui veut sauver sa peau, toute son énergie ramassée, court en cercle autour de la colonne, et je le poursuis.

La Cour, frappée de stupeur, demeure sans voix. Personne n'ose bouger, pas même les gardes. Telle est la loi d'airain fixée par le potentat méfiant : sans ordre de sa part, nul ne doit entreprendre une quelconque action. Là, le tyran est bien victime de son propre système. Notre ronde autour de la colonne continue.

« Majesté, votre épée ! »

Une voix a surgi du rang à droite. C'est celle du médecin de la Cour. Un sac de médicaments jeté par lui sur nous perturbe ma poursuite. Le roi en profite pour tirer son épée du fourreau accroché à son flanc, sans y parvenir du premier coup. Continuant à courir et à tirer, il y réussit. L'épée en main, il redevient maître de la situation. Il se retourne, et brutalement me frappe. Il m'atteint à la cuisse.

Sévèrement blessé, me voilà immobilisé, appuyé contre la colonne. Pendant ce temps, le fuyard se réfugie derrière un autre pilier. Il ne me reste plus qu'à projeter mon poignard dans sa direction. Je le fais avec une telle violence que l'arme se fiche dans la colonne de bronze.

Je saigne abondamment et constate l'échec. Mon état est proche de l'implosion. Jaillit en moi une cascade de rires, suivie de mots clairement articulés : « Tout cela parce que je n'ai pas cherché à te tuer, je voulais te capturer vivant ! »

D'où viennent ces mots ? Pourquoi ai-je dit cela ? Est-ce pour rendre le projet du prince Dan moins coupable aux yeux du tyran, maintenant que j'ai échoué ? Est-ce pour escamoter mon regret de ne pas y être allé résolument ? Est-ce vrai enfin que j'aie entretenu le rêve fou de revenir vivant avec le roi ennemi en otage ? Rêve qui n'aurait été réalisable qu'avec l'aide de mon ancien condisciple.

La dernière vision que j'aurai eue de ce monde est cette cour en tumulte où tous les courtisans hurlent leur joie, tandis que les gardes font pleuvoir leurs armes sur moi, me taillant en morceaux qui seront exposés, sanguinolents, sur la place publique.

Acte IV

Chœur

Après la tragédie, ses conséquences se révélèrent incalculables. Ce qui était prévisible dans l'immédiat : le roi de Qin, bouillant de rage, ivre de vengeance, ne mit plus aucun frein à son désir de conquête. Il était plus que jamais conforté par l'idée de la légitimité de ses actions. Il savait qu'il pouvait compter sur ses soldats disciplinés, aguerris. Afin de les exciter, tout leur était permis : plus de quartier après la prise de toute ville qui oserait résister.

Quant à son adversaire désigné, ce prince Dan, notre conquérant déchaîné fut heureux de ne plus avoir à le ménager, cet ancien compagnon de captivité, ce souffre-douleur minable. « Comment a-t-il osé imaginer toucher la moustache du Tigre, pis, attenter à sa vie ? Et il a failli réussir ! » écumait-il. L'armée des Qin eut donc pour mission de le capturer vivant et de lui faire subir les pires supplices.

Ce qui arriva finalement : le vieux roi des Yan, pensant calmer le roi des Qin, se résolut à saisir le prince Dan et à le livrer. Ce dernier, en fuite, n'eut d'autre recours que de se supprimer. Sa mort – un sacrifice de plus – n'épargna point à son pays l'invasion complète.

S'appuyant sur l'appétit guerrier de ses troupes, aiguisé par son ambition sans limite, le fier vainqueur, sur sa lancée, répandit sa terreur paralysante sur les riches royaumes de l'Ouest et du Sud, Qi et Chu.

Quoi d'autre encore à soumettre ? Plus rien. Son pouvoir absolu s'exerce sur tout ce qu'il y a « sous le ciel ». Phénomène sans précédent, jubilation sans égale ! Il va pouvoir imposer l'ordre le plus implacable, donner libre cours à ses rêves les plus extravagants. Aussi est-ce naturellement qu'il se nomme « Empereur inaugural » ou « Premier Empereur ». Et, dans son délire, il déclare que sa dynastie durera « dix mille générations ».

Dix mille générations ! Une telle longévité

dépend-elle de la volonté humaine ? Nul ne sait. Ce qu'on peut craindre : que le règne inhumain que cet empereur inaugure serve de modèle pour longtemps à tant d'autres empires.

La vie continue. Le petit peuple, assumant son triste sort, permet à la Voie de ne pas interrompre son cours. L'oubli dans l'ivresse étant un des moyens sûrs pour surmonter la peur et le deuil, les marchands de vin s'enrichissent, si tant est que le mot « riche » ait ici encore un sens. Eux aussi, ils sont soumis à d'asphyxiants impôts et taxes. Disons qu'ils jouissent d'une plus grande aisance. C'est ainsi que l'occasion nous est donnée d'assister à une fête, chez un de ces marchands, dans la région du Nord-Est, relativement préservée. Nombreux sont les invités et la réjouissance est réelle. Après le repas, un petit groupe de musiciens, pour entretenir l'ambiance, joue du *zhou*. Tous sont à l'écoute, immobiles, sauf un, parmi les domestiques présents, qui fait effort pour réprimer son agitation. À mesure que le jeu continue, il marmonne des mots de critique, hochant discrètement la tête en signe de désapprobation.

D'autres serviteurs, remarquant son mécontentement, le rapportent à la patronne. Celle-ci, après la séance, s'adresse à lui :
« Tu t'y connais en art du *zhou* ?
— Oui, madame.
— Joue-nous quelque chose demain. »
Le lendemain, proprement habillé, l'air solennel, le domestique se présente devant des amateurs réunis par le maître de maison. Il s'assoit, sort son instrument, et joue. Dès la première note, l'émotion empoigne l'assistance, la maintient en haleine jusqu'au bout. On croirait remonter aux temps antiques où la musique parlait encore le langage des dieux. Aussi, la musique à peine terminée, un homme s'écrie-t-il : « C'est Gao Jian-li en personne, ce ne peut être que lui ! »

Gao Jian-li

Est-ce sur un coup de tête, ou poussé par un désir surgi du fond de mon être ? Est-ce là un acte de vanité, ou un sursaut de dignité ? M'est-il possible d'y voir clair ? Je me suis manifesté, alors que notre survie dépendait entièrement de notre anonymat.

Revenons en arrière.

Apprenant l'échec et la mort de Jing Ko, nous fûmes anéantis par la douleur, tétanisés par la terreur devant ce qui allait s'abattre sur le royaume et sur chacun de nous. Seul le désir de sauver Chun-niang me donna la force de l'entraîner dans une fuite éperdue. Faisant partie de la « bande de Jing Ko », nous fûmes recherchés par la troupe des Qin.

Débarrassé de ma barbe et de mes cheveux, je

parvins à changer de physionomie. Vêtue d'une robe de méchant tissu, couverte de cendres, Chun-niang réussit, elle aussi, à passer inaperçue. Son visage, miné par la fatigue et la privation, y contribua, même si la beauté de ses yeux transparaissait à travers les haillons. Lors des attaques de l'ennemi, nous évitions de nous mêler à la foule en exode, cible facile de la soldatesque déchaînée. Prenant rapidement la direction des régions arides du Nord-Est, quêtant pitance avec nos bols ébréchés, dormant dans des granges, des porcheries, nous perdions nous-mêmes la notion de ce que nous étions. Deux bêtes traquées poursuivies par l'odeur de sang qui partout imprégnait l'air. Nous finîmes par nous réfugier dans une épaisse forêt. J'y retrouvai ma vocation première : je redevins cueilleur et chasseur.

En ma compagnie, Chun-niang s'ensauvagea elle aussi. Tous deux ainsi rendus à la nature, n'écoutant plus que notre propre nature, nous devenions des êtres délestés du poids de la convention, unis par les épreuves communes et par l'urgence de survivre. À aucun moment ne me quittait l'étonnement qui me bouleversait : « Quoi, Chun-niang est là, entièrement là, humble, éclatante, et nous sommes dans cette renversante intimité, corps à corps, âme à âme ! » Au creux de la fraîcheur nocturne, sous notre abri, environnés de cris d'insectes et du clignotement des étoiles, nous nous tenions chauds l'un l'autre. Nous connûmes pitié, tendresse, volupté mêlées, de ces moments d'extase dont nous n'eussions même pas osé rêver auparavant.

Ô cet été de misère et de splendeur ! La terre originelle était généreuse comme une grosse citrouille mûrie à point. Nous cueillions à pleines mains ses offrandes suspendues aux branches ou disposées dans le sous-bois. Me fiant à mon flair, j'entraînais Chun-niang avec moi à la recherche, cinq lieues à la ronde, des champignons et des fraises sauvages. Et l'automne qui bientôt enflammait la forêt, faisant couler de ses seins résines dorées et jus d'érable couleur d'ambre ! Là, nous engrangions pour longtemps l'odeur de la fumée des viandes grillées parfumées aux aiguilles de pin...

Le souvenir de Jing Ko ne nous quittait pas un seul instant. Loin de nous enfermer dans un chagrin stérile, il nous obligea au courage, à la droiture, nous poussa vers l'âpre devoir de vivre. Cependant, à mon désarroi, je touchais du doigt la complexité de la conscience humaine. Une interrogation, taraudant l'esprit de Chun-niang, ouvrit en celle-ci le gouffre du remords. La raison de ce remords ? Il avait été rapporté qu'après avoir raté son coup, grièvement blessé, Jing Ko s'était adressé au roi de Qin : « C'est que j'ai voulu te saisir vivant ! » Notre ami nourrissait donc le fou désir de revenir lui-même vivant. Ce sentiment n'avait-il pas amoindri l'efficacité de son action ? Et, surtout, ce désir était-il né du lien charnel qu'il avait noué avec Chun-niang ? Celle-ci ne pouvait s'empêcher de se poser sans cesse cette question qui n'aurait jamais de réponse.

Et moi, n'avais-je pas ma part de trouble ? Cette parfaite intimité que je vivais avec Chun-niang aurait-elle été possible si Jing Ko avait été là ? me demandais-je. Question peut-être absurde, néanmoins réelle. Le sentiment de jalousie m'a-t-il traversé lorsque mon ami était en intimité avec mon amante ? L'idée de sa mort imminente m'avait permis de transcender sans peine cette mesquinerie. Dans ce cas, ma situation actuelle n'aurait-elle pas « profité » de sa disparition ? Pensée terrible qui me faisait honte. Qu'en est-il au juste ? La coexistence de l'amitié et de l'amour est-elle possible ? Encore une fois, la relation à trois est-elle à la portée des humains ? Pourtant cet exaltant moment à trois, nous l'avons connu. Pur morceau de jade, lumineux, transparent, je l'ai gardé au plus intime de moi. Pareillement pour les deux autres. Noble amitié, noble amour. Celui-ci instruit de la passion qui engage corps et âme ; celle-là enseigne l'infini respect, l'infini désintéressement. N'y a-t-il pas un ordre supérieur où le vrai trois est réalisable, corps à corps, âme à âme ?

Naît en moi l'incroyable désir, celui de rejoindre Jing Ko par la voie de l'âme.

Quand arriva l'hiver, particulièrement glacial cette année-là, la vie sauvage n'était plus supportable pour Chun-niang. La paix revenant peu à peu, nous nous aventurâmes vers d'autres contrées et nous échouâmes dans cette ville reculée relativement préservée. Nous parvînmes à nous placer comme domestiques chez ce marchand de vin à qui nous sûmes donner satisfaction. Je maniais sans trop d'accrocs fûts et tonneaux. Chun-niang, par ses gestes sûrs, montra qu'elle s'y connaissait en service des vins. Les deux survivants, en s'enfouissant sous terre, assuraient ainsi leur vie cachée dont la continuation dépendait d'une stricte condition : l'anonymat. Je l'acceptais. Le bonheur avec Chun-niang suffisait pour me combler.

Pourtant, je viens de rompre cet anonymat, et je me répète cette question : est-ce sur un coup de tête, ou poussé par un désir venu de loin ? Trop tard de toute façon pour revenir en arrière. Et les conséquences, pour sûr, seront redoutables. Ai-je le choix ? Le démon qui m'habite, qui ne me laisse pas en paix, je ne peux l'ignorer, c'est mon art. C'est ce maudit *zhou*, ce sacré *zhou*. Cet art exige d'être perpétué ; sa transmission est sacrée. Je n'ai pas le droit d'assister à sa décadence sans réagir. Sinon, mon maître se retournerait dans sa tombe ! Et puis, soyons lucide : puis-je vraiment me taire jusqu'au bout, alors qu'au milieu de nous il y a tant de drames, tant de souffrances et tant d'aspirations qui demandent à être exprimés ?

Du fond de ma nuit, dans le silence forcé, je connais, venant de je ne sais quel ailleurs, la radicale illumination : le chant le plus vital né de nous, il se fera entendre des hommes, c'est certain ; combien aussi des dieux eux-mêmes. Dieux du Soleil, de la Lune et de tous les astres, dieux de la grande rythmique qui anime l'univers. Mais oui ! Par le chant, par ce seul moyen dont nous disposons, nous pouvons les toucher, de sorte qu'ils acceptent de transmuer nos corps en âmes et de réunir les âmes errantes, celles qui demeurent fidèles à la vie.

Chun-niang

Nous sommes encore vivants, Jian-li et moi. Nous avons survécu à la catastrophe.

À la grande catastrophe, car auparavant, j'avais déjà survécu à d'autres malheurs, vendue petite enfant, abusée jeune fille. Puis avec Jian-li et Jing Ko, j'ai connu le bel amour, le noble amour. De courte durée, hélas ! À nouveau, mon corps de femme m'a joué un mauvais tour. Sélectionnée pour être la concubine du vieux roi, ce qui pouvait être considéré par d'autres comme un honneur n'a été qu'une interminable humiliation. Je n'en ai été délivrée qu'à la faveur d'une circonstance inattendue mais dramatique. Rien n'eût pu alors empêcher la brûlante passion, combien déchirante, avec Jing Ko. Le pur élan qui me portait était alourdi par tout le poids de chagrin et de remords déjà pressentis...

La grande catastrophe fut donc la mort tragique de Jing Ko, suivie de l'effondrement du royaume. Me voici en compagnie de Jian-li. Avec lui, je retrouve ce que j'ai toujours su, parce que lui, il m'est natif. Avec lui, je retrouve le sol natal et mes sensations immémoriales. Je retrouve tous mes chers disparus, mes parents, mon frère, et même mon lapin blanc emporté par le renard. Oui, c'est bien cela : avec lui, c'est la grande compréhension des choses, c'est la foncière sympathie qui vous soulève et vous porte en avant.

Et une expérience de vie hors du commun ! Vie sauvage dans la nature, le corps livré aux intempéries, aux morsures des insectes, mais vie entièrement libérée. Sommés de puiser la force en nous-mêmes, nous faisons appel à notre instinct de survie, tout en laissant parler nos désirs enfouis. M'ayant à charge, Jian-li s'est surpassé en vainquant toutes ses appréhensions. En dépit des conditions d'indigence dans lesquelles nous vivons, sa sensibilité d'artiste sait donner de la saveur aux instants de répit.

La tragédie du passé, pourtant si récente, nous osons à peine l'évoquer. Nous ne trouvons pas de mots pour la dire. Si bouleversante, elle dépasse notre entendement. Nous sommes sûrs seulement que, d'ores et déjà, elle appartient à la grande histoire.

Nous ne pouvons que pleurer en secret Jing Ko, cette figure fière qui a échoué mais qui paradoxalement nous a rétablis dans la dignité de la vie. Il y a cependant le lancinant remords qui me ronge. Malgré les efforts de Jian-li pour m'apaiser, il me reste en travers des entrailles. Je sais que je ne dois pas chercher à l'extirper de moi. Ce remords est, à sa manière, pourquoi pas, un rare « trésor » que je conserve de Jing Ko.

Nous ne possédons plus rien, à part cette boîte à *zhou*, posée là, telle une offrande sur un autel sacré. Jian-li évite de la toucher. Mais je vois qu'il en souffre. Quand il est allé la chercher ce soir-là, la peur m'a saisie. L'anonymat était la condition de notre survie. D'un autre côté, j'ai compris que tout conseil de sagesse était inutile. Il n'a fait qu'obéir à l'appel du grand vent, ou à l'exhortation des dieux.

Gao Jian-li

Oui, obéissance à l'appel du grand vent, ou à l'exhortation des dieux. Oui, me voici serviteur d'un haut chant devenu. Je le deviens parce que là réside la tâche sacrée que nul autre en ce temps n'assume. Haut chant qui seul est capable de relier le passé au présent et le présent à l'avenir. Tâche que pourtant, il y a belle lurette, mon maître, en mourant, m'avait confiée. À l'époque, trop borné, je n'étais pas en mesure de tout comprendre. Errant de village en village, de bourg en bourg, content de mon talent et de mes effets, je dispensais une musique gaie ou triste, qu'écoutait un public saturé de besognes, pour son délassement ou sa distraction. Je reproduisais avec subtilité les bruits et les vibrations de la nature.
La vraie inspiration viendra de Chun-niang

qui me révélera le mystère de l'âme dont la résonance fait entendre une mélodie supérieure, nimbée de tendresse et de compassion. De Jing Ko viendra un autre coup de semonce. Entrant dans ma vie, il m'initiera à la connaissance tragique qui implique l'esprit de justice et de sacrifice. Sa mort m'est une injonction définitive ; elle me maintient à jamais en éveil.

À présent que la nuit tombe sur le monde, que la voix du peuple se tait, seuls se font entendre le grondement sourd provenant du fond de l'abîme où grouillent les corps enchaînés et celui, plus lointain, des fantômes des martyrs qui avancent en cortège, amas de nuées noires que le vent du large ne disperse pas.

L'Empereur inaugural règne par une terreur de plus en plus extravagante. Un mot, un geste de travers, ou même un simple soupçon, et voilà un innocent qualifié de coupable. Pour le punir, on consulte la liste : un nombre impressionnant de châtiments est prévu pour un nombre impressionnant de cas. Toutes les parties du corps sont visées : mains coupées, jambes amputées, nez ou oreilles sectionnés, yeux crevés, langue arrachée, perforation, castration... Celui qui est condamné à la peine capitale entraîne la mort de tous les membres de sa famille, voire de sa tribu, soit de dizaines ou de centaines de personnes. De toute façon, la vie d'un humain ne vaut pas plus que celle d'une bête de somme. Les individus sont comme corvéables à merci. On en mobilise des centaines de milliers pour la construction des palais. On en déporte plusieurs millions pour bâtir la Grande Muraille. Peu retournent vivants dans leur village.

Le destin veut que je sois contemporain de ces malheurs extrêmes. À moi échoue la tâche de transmuer en chants les épreuves subies et les cris étouffés. Il se peut bien qu'il y entre aussi pas mal de ma propre vanité, tant je suis souvent grisé par les vivats. Mais l'essentiel, c'est que je m'y donne totalement. En vue de quoi ? Eh bien, pour que les vivants retrouvent une chair qui vibre, un cœur qui bat, pour que les morts sachent qu'ils n'ont pas été réduits à rien. Pour que depuis la terre monte une incantation qui soulève bêtes et oiseaux, sources et torrents, flammes et ouragans. Pour que, par cette incantation même, tous ceux qui aspirent à la vie rejoignent le rythme originel et qu'ainsi, en fin de compte, le Ciel ne nous oublie pas, qu'au contraire il garde mémoire, jusqu'à ce que la résonance universelle se mette à nouveau à sonner juste.

Chun-niang

Jian-li est réclamé et acclamé partout. Tant de souffrances vécues par le petit peuple attendent d'être exprimées ! Aucune plainte n'étant tolérée, la musique seule apporte le souffle parlant qui permet aux auditeurs de respirer. Par la force des choses, Jian-li est redevenu musicien itinérant, comme il y a si longtemps. Il va de village en village et prend soin d'éviter les bourgs.

Ce qui devait arriver, inexorablement, arrive. La présence de Jian-li n'a pas échappé à la vigilance des sbires du despote. Ami de Jing Ko, il était recherché. Amené à la Cour, devant l'empereur, il s'attend à être interrogé et mis à mort. Surprise, le tyran sanguinaire est amateur de musique à percussion. Après l'avoir écouté, il pousse un soupir de satisfaction et le gracie !

L'homme implacable est-il donc, au tréfonds de lui-même, capable d'humanité ? Point de miracle, hélas, avec le tyran. Le besoin d'entendre le musicien de plus près et le souci de sécurité lui font prendre la décision cruelle entre toutes : rendre l'artiste aveugle ! Avec une brutalité inouïe, lors de l'audience suivante, Jian-li est saisi par les gardes. On lui verse un produit sulfureux dans les yeux…

Horrible vision du cher visage, ensanglanté, défiguré, tordu de douleur. À la place des yeux si expressifs, deux trous noirs. Horrible vision dont on se détourne, à moi de la regarder droit dans les yeux. Je prends conscience du courage dont font preuve les femmes. Si, en général, c'est à l'homme de faire face au terrible, la femme ne l'affronte pas moins, à sa manière. Quand elle ne subit pas elle-même le martyre, elle prend dans ses bras le corps martyrisé de l'homme, elle le soigne, le réconforte comme elle le peut, que son propre cœur défaille ou pas.

Ai-je pu réconforter Jian-li ? Sombre, farouche, il supporte mal qu'on l'approche physiquement. Il doit apprendre avec patience à s'habituer à sa cécité. J'imagine sans peine avec quelle rage il joue devant celui qui l'a humilié, supplicié. Il tente néanmoins, à ce qu'il m'a dit, de faire sonner dans sa musique des notes de protestation, de lamentation et de pitié. Le potentat qui affectionne la musique pour sa jouissance physique est un monstre d'insensibilité pour le malheur des autres.

Un fait nouveau qui me semble une ouverture : sa cécité rappelle à Jian-li son maître aveugle ; il se souvient que dans l'antiquité, on devenait gardien de la Voie sacrée, maître, lorsque, tous les autres organes sensoriels étant mis hors d'usage, on atteignait enfin l'ouïe absolue. Ce souvenir le secoue comme un séisme. Il croit même entendre son maître lui enjoindre de s'engager dans cette nouvelle voie, celle justement d'assurer la continuité de la Voie sacrée en enseignant. Avec ardeur, il se met à former des disciples.

Gao Jian-li

Seul face à moi-même. À moi-même et à mon destin. Absolument seul dans ma chambre, à part cette mouche que j'entends tournoyer près de moi. L'heure suprême est arrivée, je le sais, et je suis seul à le savoir. Heure fatidique, heure effroyable, horreur! Qu'est-il donné à l'homme de choisir? Que lui est-il donné d'endurer? Ne dépend-il pas de moi de retarder l'heure? Ou même de la contourner? Je ne suis pas venu au monde pour cela. Suis-je vraiment acculé à cela? Mourir pour son art, c'est le lot de tout vrai artiste. Mais pas de cette façon-là! Pourtant je le sais : l'heure suprême de mon destin est arrivée. Je le sais et je suis seul à le savoir. Chacun, à un moment donné, découvre le gouffre qu'il porte en lui. Chacun est un gouffre ; entre les gouffres, des abîmes apparemment infranchissables.

Personne à qui me confier ! Pas même Chun-niang, surtout pas elle ! Comment supporterait-elle l'idée même : tenter à nouveau d'assassiner le despote, et à nouveau au prix d'une vie qui lui est chère ? Il lui suffit d'imaginer les horribles conséquences que je subirais, sans doute pires que celles qu'a connues Jing Ko, pour être glacée d'effroi, anéantie par le désespoir. Pauvres de nous, pris tous les trois dans un terrible drame, aussi inextricable qu'inévitable !

Inévitable ? Encore une fois, ne dépend-il pas de moi de ne pas y faire face ? De continuer à ramper devant ce sanguinaire jouisseur, comme un chien au ventre crevé, dans l'abjecte servitude ? Est-ce à la hauteur de ma dignité d'artiste ? Et comment être digne justement de l'amour que me porte Chun-niang ? N'est-ce pas à moi, par la force des choses, d'accomplir ce que Jing Ko n'a pu mener à bien ? Ce qu'il y a à faire, il faut le faire tant qu'il en est encore temps. Toutes les épreuves subies ont ruiné ma santé. Ma force physique décline. En déclin aussi mon jeu de *zhou*. Je ne jouirai pas toujours de la possibilité d'être si près du tyran, privilège qu'il accorde à peu de gens. Lors de chaque séance, je reçois en pleine figure sa lourde haleine de fauve. Malgré ma cécité, l'atteindre est à portée de ma main. Je lui fracasserai la tête avec mon instrument en métal. Mon geste, j'en suis persuadé, dépasse la vengeance personnelle ; il épargnera bien d'autres sacrifices humains que l'ambition insatiable du tyran ne manquera pas d'exiger.

Personne à qui me confier. Peut-être bien, malgré tout, deux de mes disciples, dans la mesure où ils peuvent m'entendre ? Ils sont assez pénétrés de la Voie sacrée du *zhou* pour entrer peu à peu dans les raisons que je leur exposerai. Ils sont, en tout état de cause, mon seul recours. Je me félicite d'avoir formé ces deux disciples absolument fidèles, et c'est à eux que je confierai le sort de Chun-niang. Ils la protégeront jusqu'au bout, espérons-le. La situation me paraît claire maintenant : nous serons trois à être au courant de mon acte qui ne saurait tarder. D'autant plus que je leur ai déjà signifié qu'aux yeux de cet autocrate tout-puissant, un artiste n'est qu'un esclave en service. Un coup de tête ou un simple caprice lui suffirait pour qu'il m'ôte la vie. N'a-t-il pas fait exécuter sur-le-champ un chef militaire qui avait perdu une bataille ? N'a-t-il pas mis à mort les architectes et les ouvriers une fois achevée la construction de son futur mausolée ?

Toutes ces raisons ne sont-elles pas suffisamment convaincantes ? Mais, à un degré plus profond et plus secret, parviendrai-je à faire comprendre à quelqu'un d'autre que l'amour que je porte à Chun-niang exige dès à présent une transmutation ? Je souffre trop de la souffrance de Chun-niang qui doit quotidiennement prendre soin de ce visage défiguré, grimaçant de spasmes, un visage qui ne peut plus mirer la beauté du sien, tant contemplée et adorée. L'homme martyrisé peut, coûte que coûte, subsister sous l'aile de la pitié. Comme il se dégoûte à rechercher encore de menus plaisirs physiques ! Il sait depuis longtemps que la saison de l'âme a commencé. L'âme ? C'est bien par elle que la vraie beauté d'un corps rayonne, c'est par elle qu'en réalité les corps qui s'aiment communiquent. Cette révélation m'a été faite d'ailleurs par Chun-niang elle-même. Quand son corps vibrant me fait entendre sa basse continue, c'est son âme qui m'accueille, et mon âme y entre de plain-pied, y reste à demeure. Nous connaissons alors ces moments d'échange et d'extase aussi ardents que durables. Pour les dépeindre, n'use-t-on pas précisément de l'expression « âmes fondues » ? Oui, un corps qui ne se transmue peu à peu en âme n'est plus à la longue que dépouille séchée au vent.

L'âme, cette chose insubstantielle, insaisissable, je la touche, je la caresse, aussi sûrement que mes genoux ou mes bras. Elle est aérienne et charnelle tout à la fois. Bouleversante découverte ! C'est par cet éveil qu'a germé en moi le désir pressant de retrouver l'âme de Jing Ko. Assuré d'être à jamais uni avec Chun-niang, je suis désormais tourmenté par l'âme perdue de Jing Ko. Perdue parce que tenaillée par le remords, par la honte d'avoir échoué et d'être ainsi la cause de tant d'autres morts. Je ne peux retrouver son âme qu'en subissant le même martyre. Je serai alors dans la contrée de perdition où elle est. Si je la retrouve, je la sortirai de là.

En cette nuit terrestre, dans l'affreuse solitude, je *vois* : les âmes perdues seront étoiles filantes. Les âmes aimantes, elles, seront étoiles aimantantes et aimantées ; elles formeront constellations.

Chun-niang

Comment oublier ce que tu m'as dit en me quittant, lorsque tu as été convoqué par l'empereur dans sa résidence d'été : « Nous allons nous séparer pour un temps, mais déjà, pour toujours, nous demeurons ensemble. » Sur le moment, le sens de ces paroles empreintes de gravité m'a échappé. Et tu as ajouté : « Pendant mon absence, mes disciples s'occuperont de toi ; fais-leur confiance. »

Aussitôt après ton départ, tes disciples m'ont fait part de ton ordre de les suivre. Je ne savais pas que ce serait pour un si long exil ! Nous nous sommes réfugiés dans ce village au pied de la montagne du Nord. Les jeunes musiciens formés par toi sont admirables de talent et de dévouement. Ils se montrent parfaitement dignes de toi. Obligés de gagner leur vie, ils sont contraints, malgré leur prévenance, de me laisser souvent seule.

Ô solitude! Comme je te connais. Comme tu me connais, toi aussi. Que de fois tu m'as vue arrachée aux êtres qui me sont le plus chers. Ou plutôt c'étaient ces êtres chers qui m'ont été arrachés, happés, eux, par l'impitoyable destin. Sans que jamais j'aie pu retoucher leur corps, les porter un instant dans mes bras, les soigner ni les consoler. D'un coup, je me retrouvais seule, entre ciel et terre. Je suis devenue une habituée de ces heures silencieuses où j'entends la moindre aiguille qui tombe, le moindre rameau qui, remué par le vent, gratte le papier de mon volet. L'immense univers, indifférent, muet, et un être, là, seul. Comme ce chaton abandonné dans un fourré une fois qu'il est né, et qui, les yeux emplis d'effroi, regarde autour de lui sans rien comprendre de ce qui est arrivé, alors que l'ombre froide de la mort s'étend déjà sur lui. Ou cette oie sauvage que je n'oublie pas! Soudain détachée du troupeau en plein vol, à la suite d'une défaillance sans doute, la voilà qui panique, se sachant perdue; elle tournoie sur elle-même, laissant choir quelques plumes, puis, s'appuyant sur l'énergie du désespoir, elle s'élance vaguement en direction du troupeau disparu, non sans avoir poussé un cri déchirant. L'immense univers, indifférent, muet, et le cri d'un être, là, seul. Chacun est seul dans sa nuit : qui peut nous sortir de là ? Ô solitude, comme je te connais, comme tu me connais, toi aussi. Tu me vois dans cette nuit, aux cris des grillons, n'ayant pour compagnie, maintenant comme jadis, que la lanterne accrochée sous l'auvent. Lanterne allumée toute la nuit dont je n'ignore pas les vertus. Du temps où j'étais à l'auberge, elle attirait les voyageurs égarés qui étaient heureux de trouver au chaud gîte et couvert. Au Palais, elle guidait les pas de l'homme qui annonçait les cinq veilles en frappant du bâton son instrument en bois. Maintenant, ici, elle permet aux disciples de tapoter discrètement à ma fenêtre, quand ils rentrent tard d'une tournée, pour s'assurer que je ne manque de rien…

Femme de longue veillée, je serai la bougie à flamme persistante. C'est tout ce que je sais faire. C'est tout ce que je peux faire.

Gao Jian-li

Après avoir quitté mon logis, je suis pris en charge par les gardes impériaux qui m'escortent jusqu'à la résidence d'été du despote, dans la montagne Li. À l'approche de la montagne, je sens des bouffées de fraîcheur qui viennent alléger la pesante chaleur. Le vrombissement des insectes et le gazouillis des oiseaux composent un fond sonore tout en rondeur que percent, de temps à autre, les cris de corneilles. S'éveillent en moi, une fois de plus, les parfums familiers : haleine des pins et des fougères, odeur des rochers moussus chauffés par le soleil, fragrance lancinante des fruits sauvages…

Mais je n'ai plus de regard pour le monde. Je suis concentré sur ce que j'ai à faire – comme Jing Ko l'était sans doute –, et j'ai souci de n'oublier aucun détail. Mon *zhou*, je l'ai bourré de plomb pour le rendre plus solide et plus efficace. Cet instrument de mon art, de ma vie, il devient l'arme de mon meurtre et cause de ma mort. Y a-t-il moyen de faire autrement ? Ce dont on vit, on meurt avec. C'est le sort de tout artiste, c'est le sort de tout homme.

L'heure fatidique de l'audition arrive. Devant le tyran jouisseur, je choisis de jouer d'abord une pièce animée pour l'égayer. Puis un morceau très doux, presque en sourdine. L'auguste auditeur crie alors : « Plus près de moi ! Plus près ! » J'approche mon siège, reprends le morceau. J'entends la lourde respiration habituelle. L'haleine de fauve commence à se faire sentir. Soudain, tout me paraît simple. Un geste et ce sera terminé. J'accélère le rythme, je joue le chant d'adieu à Jing Ko, dans le ton *zhi* rompu, je crois voir le visage tant haï pâlir. Je lève le *zhou*, le lance dans sa direction. Comme Jing Ko, à mon tour, je rate ma cible.

Ai-je eu le temps d'avaler le poison que je m'étais préparé ? Je ne le sais plus. C'est peu probable. Je me retrouve immédiatement aux mains des hommes-chacals, le corps livré tout nu à leurs griffes et crocs. La vue de leur hideur m'est épargnée. Je la devine seulement à travers leurs ricanements obscènes, mêlés aux cliquetis de coutelas : ils s'apprêtent à un festin bestial.

Dire ce qu'ont éprouvé tous les suppliciés, le langage humain en est incapable. Aucun d'entre eux n'est revenu pour le dire. Ce sont pourtant les humains qui ont eu le talent d'inventer ces supplices, et leur ingéniosité est sans limite. S'acharner sur un corps de dimension au demeurant limitée, lui infliger le plus de mal possible, en faisant durer la douleur le plus longtemps possible, l'humanité a eu le temps nécessaire pour former des préposés spécialistes rompus à ce métier. L'empire a ceci de supérieur qu'il a tout codifié. Cela a simplifié la tâche des tortionnaires. Ceux-ci n'ont plus qu'à suivre la liste des châtiments bien définis. D'ordinaire, chaque châtiment est prévu pour un délit spécifique. Pour un condamné à une mort lente, c'est la grande affaire. Ils vont lui faire subir tous les supplices l'un à la suite de l'autre. D'abord, trancher du corps tout ce qui ressent, tout ce qui ressort, autrement dit tous les organes sensoriels : les oreilles, le nez, la langue, les mains, le sexe. Dans mon cas, les tortionnaires seront dispensés d'une de ces besognes : crever les yeux, toujours ça de moins à faire ! Ensuite, brûler au fer rouge toutes les anfractuosités : les aisselles, le nombril, l'anus, la plante des pieds. Enfin, avec une technique éprouvée, écorcher bras et jambes.

Une fois ces besognes accomplies, les bourreaux ont-ils leur content ? Rien n'est moins sûr. Leurs appétits bestiaux restent vivaces, pour peu que le supplicié, épuisé par d'atroces douleurs, fasse entendre encore son halètement. Celui-ci se transformant petit à petit en d'affreux râles, ils en viennent tout de même à discuter, mais doctement, en prenant leur temps, de la manière de terminer leur boulot. Les uns sont pour la méthode classique : extirper le cœur ; d'autres sont d'avis de jeter les restes aux chiens affamés, afin de jouir du spectacle de muscles déchiquetés et d'os grignotés…

Tout au long de l'interminable séance, le supplicié, bien entendu, aspire à la mort. Il se félicite que la mort, comme par miracle, existe. Il se dit que la mort est bien la belle invention du Ciel ; c'est la plus grande marque de sa clémence !

Aspiration à la mort, clémence du Ciel… Quoi, ce corps réduit à un amas de chair saignante est encore capable de sentiment, de pensée ? Ce monde, suffoquant d'odeurs de sueur, d'urine et de sang, n'a pas étouffé toute mémoire ? Sous les coutelas, la chair saignante, l'espace d'un éclair, se rappelle encore avoir été choyée, dorlotée par une mère, par une femme. Lui revient encore un chant d'enfant dans cet abîme de terreur régi par les monstres. Horreur, horreur, horreur ! À ce point de ratage, l'horrible et inutile question encore : pourquoi tout ceci, en ce coin perdu de l'univers, au milieu de millions d'étoiles ?!

Le résidu humain sombre dans la vaste nuit, dans l'incommensurable mer de souffrance et d'oubli.

Acte V

Chœur

Orgueil, ambition, ivresse du pouvoir absolu, tout cela habite l'homme, le pousse à la folie. L'humain devient inhumain, et l'inhumain monstrueux. La violence engendrant la violence, celui qui vit de la terreur périt par elle.

Pour ce qui touche au destin du maître absolu des Qin, en voici les étapes. À quinze ans, Zheng devient roi et se révèle rapidement un conquérant rapace, insatiable. Vers trente-cinq ans, il échappe à la tentative d'assassinat de Jing Ko. Vers quarante ans, ayant soumis les autres royaumes, il se proclame Empereur inaugural. Vers quarante-cinq ans, il échappe à une deuxième tentative d'assassinat, celle de Gao Jian-li. D'autres attentats le visent encore, sans l'atteindre. Mais il meurt brutalement, à cinquante ans, lors d'un voyage d'inspection, loin de son trône. Pour cacher la nouvelle de sa mort au peuple avant d'avoir rapporté sa dépouille dans la capitale, ses courtisans, qui intriguent déjà pour prendre le pouvoir, entourent le convoi impérial de chariots remplis de poissons salés et d'abalones, les plats préférés de l'auguste défunt. Ceux-ci, à odeur forte, ont pour fonction de camoufler la puanteur qui se dégage du cadavre.

Le Premier Empereur a unifié les terres chinoises en un vaste empire régi par un ordre implacable, c'est le mérite qu'on lui attribue. À quel prix ? Pour régner sans partage, il a imposé au peuple un régime asphyxiant, impôt sur impôt, corvée sur corvée, cause de souffrances sans nom. Il a déporté des populations entières, sacrifié plusieurs millions de vies pour la construction de palais démesurés et de la Grande Muraille. On dit que ceux-ci sont faits non de pierres mais d'ossements humains. Plus qu'une image, c'est la froide réalité. Ne tolérant aucune plainte, aucune idée divergente, il a exercé des répressions sans merci qui culminaient avec l'autodafé des livres et l'emprisonnement en masse des lettrés, tous enterrés vifs. Une telle férocité finit par provoquer des révoltes tout aussi dévastatrices. La dynastie, destinée à durer dix mille générations, s'effondra trois ans après la disparition de son fondateur, pour être remplacée par celle des Han. De la tragédie dont nous avons été témoins, il reste une survivante : Chun-niang ! Âgée d'une soixantaine d'années, le visage ridé, le corps affaibli, mais pleinement elle-même, elle vit dans un village reclus de son royaume d'origine, vénérée par tous les habitants des alentours. Ceux-ci lui épargnent tout souci matériel. Le village est devenu célèbre tant sont nombreux les pèlerins qui viennent de loin la voir. Inlassablement, ils l'écoutent évoquer les aventures héroïques des temps passés, dans un silence recueilli, ou en poussant des « haï, haï » de compassion. En Chun-niang, cette fine fleur de la terre du Nord, ils perçoivent, vivace encore, l'image d'une beauté de type antique qui ne pourra plus exister.

Quant à son secret que nous avons le

privilège de connaître, Chun-niang se garde de le divulguer, sous peine de passer pour une sorcière. Prolongeons ce privilège, prêtons l'oreille à ce confondant échange qu'elle entretient avec les âmes aimées.

Chun-niang

Confondant échange en effet! Confondant parce que surprenant, confondant parce qu'il est fondu dans un chant commun, dans un chant unique.
    Faut-il croire que j'ai devancé ma mort? À moins que le Ciel, ayant eu pitié de nous, nous ait accordé faveur? Alors que je suis encore vivante, les âmes de mes aimés m'ont rejointe. Non, je ne doutais pas que nous nous serions ré-unis un jour. J'étais déjà liée à Jian-li par l'âme, et j'étais sûre que l'âme de Jian-li retrouverait celle de Jing Ko. Non, je ne doutais pas que nous nous serions ré-unis, mais je pensais que ce serait après ma mort.
    Or la faveur nous est accordée. J'aimerais croire que la frêle bougie qu'est devenue ma vie

consumée, bougie jamais éteinte, bougie qui n'est plus que flamme, ait éclairé le chemin de retour de mes aimés. Cet énigmatique chemin terrestre.

Alors que je suis encore ici sur terre, je vis cette expérience de partage avec les deux êtres que je porte en moi, partage qui a lieu à intervalles réguliers, durant les nuits de pleine lune. Nous avons refait ensemble notre parcours à trois, lumière et ténèbres entrelacées. Chacun a pu dire ce qu'il a vécu, ressenti. Chacun a pu tout dire, sauf l'indicible.

L'indicible, dont la part de mystère restera mystère, on ne peut l'approcher, Jian-li nous l'a appris, que par le chant. L'indicible, dans notre cas, c'est donc ce chant ininterrompu à trois voix. Trois voix à la fois distinctes et confondues, trois voix propres à chacun mais toutes trois à l'unisson. Chaque voix résonne, de toute son éternité, en écho aux deux autres. Voix de l'amitié, voix de l'amour, mamelles équilibrantes, nourrissantes, transformantes d'une unique passion.

En cette nuit de pleine lune, l'été humain est

à son apogée. Avant ma propre mort, nos désirs communs ont tout devancé, l'inattendu et tant attendu privilège nous est octroyé.

Au fond, ce qui arrive, c'est tout ce qui est arrivé. C'est cette vie même, c'est une autre vie, c'est une autre vie dans cette vie, c'est cette vie qui ne peut pas ne pas être autre. Ce qui peut arriver, ce qui doit arriver, ce n'est plus à nous de le mesurer.

Que s'élève le chant des âmes retrouvées !

Chant des âmes retrouvées

Moi, si proche déjà de la mort !
Moi, déjà si loin de la mort !
La mort a eu lieu ; la mort n'est plus

Plus rien ne subsiste, à part le désir
Pur désir inaccompli
Mûr désir inassouvi...

Durable élan vers le désir originel
Désir originel de la Voie
Désir originel de la vie

Originel désir qui du rien fit surgir le souffle
Qui du rien fit surgir l'étrange chose qu'est la vie
Qui fit surgir l'étrange chose qu'est le lien d'amour

QUAND REVIENNENT LES ÂMES ERRANTES

C'est bien ce lien qui nous réunit ici
C'est bien la vie qui nous réunit ici
Mort qui n'est plus, vie continue

Pourtant nous ne sommes pas nés d'hier
Seulement voilà : nous ne jouons plus les malins
Pas plus que nous ne jouons les imbus

D'autres sont blasés, cyniques, font la moue, les dégoûtés
D'autres, les nantis, les repus, tout gonflés de suffisance
Nous, la tribu des damnés, éternels crève-corps, crève-cœurs !

Éternels affamés que le moindre don met en émoi
Éternels assoiffés chérissant la moindre goutte de pluie
Plusieurs vies ne suffiraient pas pour nous apaiser !

Car aucun de nous n'a oublié sa part de message reçu :
Un parfum secret, à la tombée du soir, au détour d'un sentier
De l'autre côté du mur, une voix fredonnant la vie rêvée

Où que se trouve chacun, nous nous entendrons par-delà tout
Par tous les ouragans qui ont dispersé nos lambeaux
Par tous les flots et les jusants du sang versé

QUAND REVIENNENT LES ÂMES ERRANTES

En aurons-nous jamais assez ? Tout n'avait-il un sens ?
Tout ce dont on a joui, tout ce dont on a souffert
À sauver du néant tout ce qui est de vie !

Le corps s'ébrouant dans l'ivresse charnelle
Le corps glacé d'effroi juste avant le supplice
Les muscles tordus d'une douleur que n'éteint pas l'éternité

Toute torture, aussi ingénieuse soit-elle, a une fin
Toute douleur, aussi torturante soit-elle, a une fin
Reste le cœur, ce morceau de chair, qui toujours saigne...

Toute vie est à refaire
Toute vie est à revivre
Fallait-il passer par tant de détours ?

Pour re-vivre, justement, ne faut-il avoir tout connu ?
Extrême douceur comme extrême violence
Extrême soif comme extrême faim

Toute une vie faite de précieux instants gardés ou perdus
Instants-diamants cousus dans la vieille veste rapiécée
Instants-nectars éparpillés au gré des coupes brisées

QUAND REVIENNENT LES ÂMES ERRANTES

Ah, cette gorgée d'eau de source au bout du désert traversé
Et ces fruits croqués au terme de la vertigineuse ascension
Feu de camp des errants à l'heure où se terrent les animaux

Tâtonnement dans la nuit, torches-lanternes éteintes
Corps enfoncés dans la tiède argile, auréolés d'étoiles
Salut adressé au seul troupeau d'oies sauvages qui passe

Hourra aurore ! Sentier sinuant entre herbes et rosée
Frémissements, vrombissements, sortilèges d'un monde en éveil
Fleurs recluses, voici qu'elles ouvrent les rideaux de leur fragrance

Cette lumière dispensée à tous, comme elle est égale
Les papillons la jettent au vent, un vase la boit en silence
Prime regard des nouveaux-nés, et l'ultime des vieillards

Vaste plaine déroulant bord à bord ses houles d'émeraude
Terre grasse assoupie sous le roucoulement de ses pailles d'or
Senteurs de sorghos fermentés, fumées de pommes de pin...

Chatons de saule qui jouent partout à saute-mouton
Rochers hautains qui étalent leurs insolents poitrails
Loi d'airain : un temps pour jouir, un temps pour souffrir !

QUAND REVIENNENT LES ÂMES ERRANTES

Le mal dressé en face de nous, le mal tapi en nous-mêmes
Tendresse n'annulant nullement les accès de furie
Pitié n'épargnant point les sursauts de vengeance

Toujours en avant, défi lancé aux offenses, aux limites
À bride abattue, aveuglante chevauchée !
Vie et mort confiées à l'intrépide coursier !

Terre sans bornes, ciel sans fond, l'homme peut-il tout embrasser ?
Suffit-il de ce corps restreint, de ce cœur minuscule ?
Un corps, un cœur, une âme !

L'âme, ah oui, ce quelque chose qui respire, qui se propage
Ce je-ne-sais-quoi qui appelle et qui répond tout à la fois
Qui répond en résonnant, que plus rien ne délimite

Toute une vie pour se forger une âme !
Une vie de passion dépassante pour que l'âme se révèle
Une vie tendue, par-dessus l'abîme, vers une plus grande jouissance

Âme indivisible
Âme inséparable
D'âme à âme, résonance sans fin

QUAND REVIENNENT LES ÂMES ERRANTES

Âmes aimantes
Âmes tentantes
Âmes aimantantes

Toi !
Toi !
Toi !

Toi et toi, vous deux en un
En un vous deux, toi et toi
En un nous trois !

Il faut avoir traversé le tout pour savoir comment vivre
Comment vivre la vraie vie, comment vraiment vivre
Re-commencer à vivre, n'est-ce pas là le vrai et seul désir ?

Sommes-nous encore pris dans les rets du destin ?
Nous ne le sommes plus. Ne jouons plus les imbus, les malins
Sur la mer ténébreuse, soyons perles roulantes, mais reliées

À n'en plus finir le mystère de la passion durable
À n'en plus finir l'énigme du visage, du regard
À n'en plus finir la magie des paroles entrelacées

QUAND REVIENNENT LES ÂMES ERRANTES

Infiniment charnels, infiniment au-delà
Explosion d'azalées d'une terre insondée
Incendie des nuées d'un ciel insondable

Homme pin dressé défiant brûlures et froidures
Femme vallée ouverte épousant le souffle rythmique
Ne peut triompher la seule force, seule la douceur perdure

Une orchidée, et toute la terre se justifie
Une pivoine, et se justifient toutes les saisons
Mais orchidée je suis ! Mais pivoine je suis !

Un regard sourire, et se justifie toute la terre
Une corolle caresse, et toutes les saisons se justifient
Pénétrons, nous aussi, la double énigme : fidélité à l'unique

Toi qui portes nos corps désirant jusqu'à l'incandescence
Toi qui portes nos corps suppliciés de tes bras de consolation
Toi le féminin, ne nous abandonne pas, ne nous oublie point

Homme arc-bouté hanté par la finitude
Femme s'abandonnant, elle, à l'infinie extase
Clôturer l'infini ? Maîtriser l'infini ? Hors de portée !

QUAND REVIENNENT LES ÂMES ERRANTES

Que faire d'autre sinon s'élever en se transformant ?
Fleuve coulant sans retenue vers l'ultime océan
Ses eaux se muent à mesure en vapeurs, en nuages

Et de leur aire céleste se répandent en pluie diluvienne
Renouvelant la vieille terre comme à la première aube
Ainsi va l'invisible-visible loi de la vie

Mais tenace, la mémoire de la vie terrestre reprend ses droits
Clairs et obscurs alternés, larmes et gelées échangées
Sur fond d'orages poussaient orges et sojas

Un coq sur le toit de chaume nous proclamait le jour
Un chien près du seuil allongé nous balisait les mois
Et les taupes nous renseignaient sans faille sur l'année nouvelle

Et les marées printanières, toute chair jaillissant en geysers
Et la torpeur de l'été, toute chair éclaboussant en laves
Puis patience-impatience d'une interminable germination

Puis les après-midi gris, gazouillis d'oiseaux à la fenêtre
Puis les crépuscules de brume, tout le paysage dérobé
Puis béante absence creusée de la déchirante présence

QUAND REVIENNENT LES ÂMES ERRANTES

« *L'averse fait tinter les clochettes sous l'auvent, où êtes-vous ?* »
« *Et toi, entends-tu aussi la chute des pommes de pin dans la nuit ?* »
« *Vous le savez, où que vous soyez, je ne suis plus qu'attente...* »

Qu'un appel se fasse entendre, et toute la vie reprendra !
Herbes sauvages qui s'embrasent à la moindre étincelle
Forêt qui s'éveille au premier brame d'un cerf

Ô ce morceau de chair qu'est le cœur lardé de peurs, de pleurs
Ce morceau minuscule pourtant gros de regrets, de remords
Chacun s'interroge, dans le gouffre sans écho de son for intérieur

Je me suis donnée à toi, émoussant ta volonté, entraînant ton échec
J'ai tenté de revenir vivant, mon échec a entraîné tant d'autres morts
J'ai rejoué sur mon zhou, attirant mon malheur et le tien

Remords sans fin, gardons-les pour l'éternité !
Remords ? Ne sont-ils âpres désirs de remordre à la vie ?
Ne sont-ils ardentes envies de remodeler la vie ?

Voici que les vieux pins formant bosquet re-nouent leurs racines
Voici que les astres constellés re-croisent leurs feux
Voici qu'en effet les vapeurs montant du sol se muent en brumes

QUAND REVIENNENT LES ÂMES ERRANTES

Que les brumes montent au ciel et se muent en nuages
Que les nuages retombent en pluie bienfaitrice au sol
Grande circulation où se laissent entraîner tous les assoiffés

Réunion dans l'attraction lustrale de la Voie lactée
Quand l'éclat lunaire exalte le désir, s'éveillent les âmes errantes
Celles-là mêmes qui font chant de tous leurs regrets et chagrins

Nous nous reconnaîtrons. Ne nous lassons pas de nous appeler
Par nos noms : toi, Jing Ko ! Toi, Jian-li ! Toi, étrangement belle
Plus que jamais consolante, Chun-niang ! Chun-niang !

Toute vie est à refaire
À refaire et à réinventer
Écoutez, un rossignol chante !

C'est le signal de la nuit mystique où la terre se donne au Ciel
Toute la blondeur des blés mûris s'éblouit à la clarté originelle
Respirs mêlés, les âmes réunies reprennent leur souffle rythmique

Il n'y a plus de demeure, il n'y a plus que la Voie
Toute vie est à refaire
À refaire et à réinventer

QUAND REVIENNENT LES ÂMES ERRANTES

Je suis feu. Me rappelé-je encore la berceuse auprès d'une bougie ?
Homme orphelin qui repart du rien et du tout. Phénix-alouette
J'étendrai la guirlande des aurores sur toutes lignes de crête

Je suis bois. Toi, flamme, que serais-tu sans moi ? Viens ici donc !
Je départagerai cendre et sève, lente descente et chant ascensionnel
Gonflée de printemps, ma chair craquelle de brisures et de brise

Je suis eau. Jaillissement bienfaisant. Larmes ? De reconnaissance !
Femme orpheline qui avec rien répare tout. Marée montante
Renouvelant toutes terres desséchées, de rive en rive ouverte

DU MÊME AUTEUR

Grand Prix de la francophonie
de l'Académie française 2001

Romans

LE DIT DE TIANYI, Albin Michel, prix Femina, 1998.
L'ÉTERNITÉ N'EST PAS DE TROP, Albin Michel, 2002.

Essais et traductions

L'ÉCRITURE POÉTIQUE CHINOISE, Le Seuil, 1977, 1996.
VIDE ET PLEIN, LE LANGAGE PICTURAL CHINOIS, Le Seuil, 1979, 1991.
SOUFFLE-ESPRIT, Le Seuil, 1989, 2006.
ENTRE SOURCE ET NUAGE, LA POÉSIE CHINOISE RÉINVENTÉE, Albin Michel, 1990, 2002.
LE DIALOGUE, UNE PASSION POUR LA LANGUE FRANÇAISE, Desclée de Brouwer, 2002.
CINQ MÉDITATIONS SUR LA BEAUTÉ, Albin Michel, 2006, nouvelle édition, 2008.
L'UN VERS L'AUTRE. EN VOYAGE AVEC VICTOR SEGALEN, Albin Michel, 2008.
ŒIL OUVERT ET CŒUR BATTANT. COMMENT ENVISAGER LA BEAUTÉ?, Desclée de Brouwer, 2011.

Livres d'art, monographies

L'ESPACE DU RÊVE, MILLE ANS DE PEINTURE CHINOISE, Phébus, 1980.
CHU TA, LE GÉNIE DU TRAIT, Phébus, 1986, 1999
SHITAO, LA SAVEUR DU MONDE, Phébus, prix André-Malraux, 1998.
D'OÙ JAILLIT LE CHANT, Phébus, 2000.
ET LE SOUFFLE DEVIENT SIGNE, Iconoclaste, 2001, 2010.
PÈLERINAGE AU LOUVRE, Flammarion/Louvre, 2008.
LA JOIE. EN ÉCHO À UNE ŒUVRE DE KIM EN JOONG, Le Cerf, 2010.

Recueils de poésie

DE L'ARBRE ET DU ROCHER, Fata Morgana, 1989.
SAISONS À VIE, Encre marine, 1993.
36 POÈMES D'AMOUR, Unes, 1997.
DOUBLE CHANT, Encre marine, prix Roger-Caillois 1998.
CANTOS TOSCANS, Unes, 1999.
POÉSIE CHINOISE, Albin Michel, 2000.
QUI DIRA NOTRE NUIT, Arfuyen, 2001.
LE LONG D'UN AMOUR, Arfuyen, 2003.
LE LIVRE DU VIDE MÉDIAN, Albin Michel, 2004.
À L'ORIENT DE TOUT, Gallimard, 2005.
QUE NOS INSTANTS SOIENT D'ACCUEIL, avec Francis Herth, Les Amis du Livre contemporain, 2005.
VRAIE LUMIÈRE NÉE DE VRAIE NUIT, Le Cerf, 2009.

Composition IGS-CP
Impression CPI Bussière en mars 2012
à Saint-Amand-Montrond (Cher)
Éditions Albin Michel
22, rue Huyghens, 75014 Paris
www.albin-michel.fr
ISBN broché : 978-2-226-24008-8
ISBN luxe : 978-2-226-18454-2
N° d'édition : 20149/01. – N° d'impression : 120622/4.
Dépôt légal : avril 2012.
Imprimé en France.